Zeitmanagement im Alltag

Bibliographische Information Der Deutschen Bibliothek

2. aktualisierte und erweiterte Auflage, März 2005,
11.–20. Tausend.

ISBN: 3-933705-59-2, Printed in Germany

Inhalt

1 Einleitung

Stellen Sie sich und Ihre Familie als Crew auf einem Schiff vor. In welcher Position sehen Sie sich selbst? Sind Sie der Kapitän, der den Kurs angibt? Sind Sie diejenige, die dafür sorgt, dass das Deck geschrubbt wird und den Smutje anweist, die Vorräte zu sichten? Sind Sie Smutje, Steuermann, Matrose und Kapitän in Personalunion? Oder werden Sie von Ihrer Familie eher als Leichtmatrose angesehen, der von der Mannschaft seine Befehle empfängt und sie zähneknirschend ausführt?

Und wie sieht Ihr Familienschiff aus? Ist es ein großer behäbiger Pott, der träge und ohne große Kursänderungen durch die Wellen pflügt? Oder eher ein leichtes, wendiges Boot, bei dem Sie ohne Mühe den Kurs ändern und Hindernisse umschiffen können? Ist es geräumig, voll oder überladen?

Der Alltag in einer Familie: Zusammenspiel unterschiedlichster Bedürfnisse, Termine, Anforderungen

Das Familienschiff zu manövrieren ist nicht einfach. Denn eine Familie ist ein lebendiger Organismus, bestehend aus ganz individuellen Persönlichkeiten in verschiedenen Entwicklungs- und Lebensphasen, von denen jede ihr Recht fordert und auch haben soll. Der Alltag in einer Familie ist ein Zusammenspiel unterschiedlichster Bedürfnisse, Termine, Anforderungen. Keine leichte Aufgabe für den »Kapitän«, der sein Schiff sicher und möglichst gelassen in den Hafen bringen möchte und dabei selbst nicht untergehen will. Manchmal schielen Sie vielleicht auf die anderen »Kapitäne« – die FreundIn mit ihren vier Kindern, die berufstätige Mutter im Nachbarhaus, den allein erziehenden Vater – und fragen sich: Wie schaffen die das bloß?

Zwei Dinge sind das A und O für erfolgreiches Arbeiten, sei es im Berufsleben oder im Haushalt: das positive Herangehen an die Aufgaben und ein geschicktes Organisieren der Notwendigkeiten. Wer den Tag mit einem Lächeln anpackt, hat die Arbeit schneller und leichter bewältigt. Eine positive Grundeinstellung lässt uns Regentage ebenso leicht ertragen wie nörgelige Kinder, ein angebranntes Essen und ähnliche Ereignisse. Planmäßiges Vorgehen ist die andere wichtige Voraussetzung für das Managen des Alltags. Es sorgt für den reibungslosen Ablauf der Ereignisse und schafft Zeitinseln, auf denen wir uns von den vielen Anforderungen ausruhen können.

Patentrezepte kann es beim Zeitmanagement nicht geben. Was für die eine sinnvoll und richtig ist, kann für den anderen unwichtig sein. Sie werden sich bei der Lektüre dieses Buches selbst herauspicken, was Ihnen in Ihrem Alltag helfen könnte.

Wir haben das Thema Zeitmanagement von den unterschiedlichsten Seiten beleuchtet, und so bietet jedes Kapitel einen eigenen Einstieg und spezielle Ansätze. Messen Sie die nachfolgenden Anregungen, Tipps und Informationen an Ihrer persönlichen Situation. Probieren Sie aus, was Sie schon immer angehen wollten, haken Sie ab, was für Sie kein Thema (mehr) ist, erfreuen Sie sich an Ihren eigenen Erfolgsrezepten, lassen Sie anderes unberücksichtigt, was Sie nicht berührt. Sie selbst wissen am besten, was für Sie und Ihre Familie praktikabel ist. Ob Sie Hausfrau sind oder berufstätige Mutter oder beides, Vater in der Erziehungszeit oder Alleinerziehende, ob Sie als Single in einer Wohngemeinschaft leben oder zu zweit durchs Leben gehen oder ob Sie als älterer Mensch einen ganz anderen Umgang mit der Zeit haben. Dieses Buch möchte dabei helfen, Ihren Alltag gut zu managen und dabei selbst nicht zu kurz zu kommen.

Vom Umgang mit der Zeit

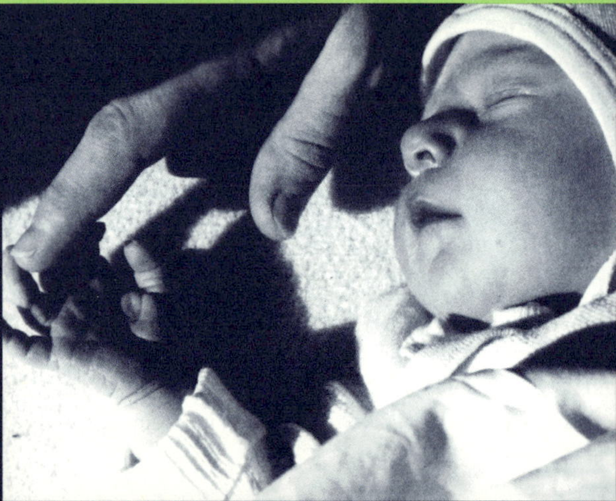

Wie viel Zeit scheint man zu haben, wenn man noch allein oder mit dem Partner zu zweit ist: Kinobesuche, Reisen, gemütliche Abende, Restaurantbesuche. Und wie anders wird es, wenn ein Kind zur Welt kommt!

Ein Beispiel für eine ganz einschneidende Lebensänderung: die Geburt des ersten Kindes. Plötzlich gibt es ganz andere Prioritäten im Leben, ein kleines Wesen, das die ganze Aufmerksamkeit beansprucht; Zeitplanung und das Handeln sind nun fast komplett auf das Kind gerichtet.

So anstrengend die Geburtsstunde der Familie vielleicht auch sein mag – sie ist doch eine Zeit, in der der Mensch wichtige Erfahrungen macht. Denn man erlebt hautnah, dass

- es Zeiten gibt, in denen Perfektion einfach fehl am Platz ist,
- manche Tage ganz anders als erwartet ablaufen,
- ein kleiner Mensch wichtiger ist als eine blitzblank geputzte Küche,
- man nicht alles selbst machen muss, sondern dass es Menschen gibt, die einem Arbeit abnehmen: der Partner, die Großeltern, professionelle Stellen,
- eine Phase, in der alles über uns zusammenzubrechen droht, auch wieder vorübergeht.

All diese Punkte gelten prinzipiell auch für andere Lebenseinschnitte: Schuleintritt, Wohnungs-/Ortswechsel, Pflege eines Angehörigen bei Krankheit oder im Alter, Umschulung ...

Jedes neue Erfordernis berührt zwangsläufig auch den Haushalt, weil die dafür notwendigen Handgriffe und der jeweils erforderliche Zeitbedarf noch nicht vertraut sind und außerdem sich in das bisherige Gefüge einpassen müssen. Dabei können die eigenen Ansprüche zu selbst gelegten Fallen werden. Welche Fallen das sein können, wird im Folgenden beschrieben.

Die Verzettelungs-Falle

Ein großes Glas steht vor Ihnen auf dem Tisch, daneben liegen Steine, jeder etwa so groß wie eine Kinderfaust, ein Häufchen kleiner Kieselsteine und ein Eimer mit Sand. Vorsichtig legen Sie nun die Steine ins Glas, bis der Rand erreicht ist. Ist es nun voll? Nein, große Steine passen nicht mehr hinein, aber kleinere Kieselsteine; etliche können Sie noch hineingeben, sie rutschen an den großen vorbei und füllen die noch leeren Zwischenräume. Nun scheint das Glas aber wirklich voll. Oder doch nicht? Sie nehmen den Eimer mit Sand und merken: das Glas war immer noch nicht ganz voll – denn viel von dem kleinkörnigen Sand passt auch noch hinein.

Der amerikanische Professor, der seinen Vortrag zum Thema »Zeitmanagement« mit diesem anschaulichen Beispiel würzte, machte seinen Studenten damit Folgendes deutlich: Die großen Steine entsprechen den großen Aufgaben im Leben. Sie gehören zuerst ins Glas, dann ist noch genug Platz darin für die weniger wichtigen Dinge. Würden wir das Glas zuerst mit dem Kies oder dem Sand, also den Nebensächlichkeiten füllen, hätten die Steine – die uns wichtigen Lebensbereiche – darin keinen Platz mehr.

»Prioritäten setzen« heißt der Zaubercode für einen kompetenten Umgang mit der vorhandenen (Lebens-)Zeit: Was ist mir wichtig im Leben und im Alltag? Über die persönlichen Hauptziele sollten wir uns erst einmal im Klaren sein. Will ich mich vor allem selbst verwirklichen, vielleicht im Beruf oder in einem kreativen Bereich? Sehe ich die Kontakte zu Freunden und Verwandten als meinen Lebensinhalt?

Wenn kleine Kinder da sind, ist ein solches Hauptziel schon vorgegeben: Ihr Wohlergehen geht über alles. Ein Kinderlachen ist wichtiger als die Anerkennung von außen, ein gekritzeltes Herzchen, schief ausgeschnitten und an einem ausgefransten Band im Flur aufgehängt, wiegt mehr als eine perfekt gestylte Wohnung. Wir dürfen alles vernachlässigen, nur die eigenen Kinder nicht, so lange sie uns brauchen. Und natürlich auch nicht uns selbst, denn das eigene Wohlergehen spiegelt sich im Rest der Familie. Zufriedene, ausgeglichene Menschen scheinen von einer Aura umgeben, die auf andere abfärbt. Kinder haben sehr feine Antennen für die Stimmungslage ihrer Eltern und spüren genau, ob Mutter und Vater gestresst, überreizt oder in harmonischer Seelenlage sind. Das wiederum beeinflusst ihr Empfinden und Verhalten.

Wer alles will, und das womöglich gleichzeitig, tappt allzu leicht in die Verzettelungs-Falle. Zwei Beispiele:

- Sie füttern ihr Kind, das Telefon klingelt, Sie heben ab und beginnen ein Gespräch mit dem Handwerker, der Ihre Waschmaschine in Ordnung bringen soll. Sie erklären, was an der Maschine kaputt ist, der Handwerker gibt seine Kommentare, Sie unterhalten sich über einen Termin, zu dem er zu Ihnen in die Wohnung kommen kann. Endlich haben Sie aufgelegt. In der Zwischenzeit ist der Brei kalt geworden, Sie erwärmen ihn neu, aber Ihr Kind denkt gar nicht mehr daran, weiter zu essen. Es wird quengelig, denn einem kleinen Kind bekommt das Verzettelungs-Syndrom seiner Mutter gar nicht gut. Nur mit Mühe und einem ausgedehnten Spaziergang ist es zu besänftigen. Eine Alternative wäre gewesen, das Telefon zu ignorieren und den Handwerker später zurückzurufen. Ein Anrufbeantworter ist eine große Hilfe bei einer Neigung zur Verzettelung.

- Sie spielen mit Ihrem Kind, aber Sie können sich nicht so richtig konzentrieren, weil die unerledigte Hausarbeit Ihnen im Nacken sitzt. Sie sind nur halb bei der Sache, lassen sich nicht ein auf die kreativen Anregungen Ihres Kindes. Darum werden Sie bald ungeduldig. Sie gehen in die Küche und räumen auf. In Ihrer Halbherzigkeit beim Spiel und bei der Hausarbeit fühlen Sie sich auch nicht richtig wohl. Eine vertane Chance der Nähe zu Ihrem Kind. Hätte die Arbeit nicht warten können?

Das Wohlergehen der Familie – und vor allem der Kinder – ist wichtiger als ein reibungsloser Tagesablauf: Auch dieser Satz beinhaltet eine Struktur für Ihren Alltag. Sie müssen Kontakte pflegen und sich selbst Gutes gönnen, genug Zeit haben für sich allein und Ihren Partner. Aber im Alltag hilft es, wenn Sie sich klar machen, dass es Hauptsachen (»Steine«) und Nebensachen (»Kiesel«) gibt und Dinge, die gerade oder gar nicht so wichtig sind (»Sand«). Dies zu beherzigen, kann sehr entlastend wirken und Sie vor dem Gefühl bewahren, den vielen Anforderungen nicht gewachsen zu sein. Ständige Verzettelungen, Ablenkungen und halbherziges Tun rauben Zeit und stehlen Energie.

Die Perfektionismus-Falle

Sie möchten Ihr Bestes geben, denn jeder Mensch braucht Anerkennung und will im Leben gut dastehen. Der perfekt geputzte Fußboden, »von dem man essen kann« – er war für die Generationen von Müttern vor uns, deren Aufgabe es war, sich ausschließlich um die Familie zu kümmern, Selbstbestätigung und Zeichen ihrer Kompetenz. Wie viele Frauen gab es in dieser Generation, die ihre vielen Talente nicht ausleben konnten und sie in die Spiegelkraft des Bodenbelags investierten! Natürlich haben sie diesen häuslichen Perfektionismus an ihre Töchter weiter gegeben. Die wiederum an ihre Töchter, und ein Stückchen davon ist weiterhin hängen geblieben: Eine gute Frau ist eine Frau, die ihren Haushalt im Griff hat. Solch eine Botschaft, durch die Generationen vermittelt, sitzt tief.

Was bringt der Anspruch, perfekt zu sein?

Vieles im Haushalt ist durch Maschinen und fortentwickelte Geräte leichter geworden. Die schwere körperliche Arbeit von früher – das aufwändige Kochen, das mühsame Wäschewaschen, Wringen, Bleichen, das komplizierte Haltbarmachen von Lebensmitteln, das Nähen, Stopfen, Sticken, das Teppichklopfen – müssen wir heute nicht mehr leisten. Die Aufgaben im Haus haben sich gewandelt.

Heute sind Hausfrauen und -männer Manager der Familie: Sie müssen den Alltag organisieren, Termine im Kopf haben, technische Geräte zu bedienen wissen, über Schadstoffe und gesunde Ernährung Bescheid wissen, die Entwicklung und Förderung ihrer Kinder im Auge haben, den schulischen Alltag begleiten und am Nachmittag Chauffeurdienste leisten. Und viele sind daneben noch erwerbstätig, weil das Geld nicht reicht oder der Horizont zu Hause zu eng ist. Im Nu ist bei so vielen verschiedenen Aktivitäten ein Tag um. Und wenn Sie dann abends vor den Zahnputzspritzern auf dem Badezimmer-Spiegel stehen und sie wegwienern und das auch am nächsten Morgen tun, dann sitzen Sie mittendrin in der Perfektionismus-Falle.

Wenn Sie merken, dass Sie zu den Menschen gehören, für die Perfektion zum inneren Zwang gerät, dann fragen Sie sich doch einmal selbst: Was verbinde ich mit dem Begriff »Perfektion«? Warum ist Perfektion mir so wichtig? Was bringt mir mein Anspruch, perfekt sein zu wollen? Und was nimmt er mir an Möglichkeiten? Wenn Sie dann für sich feststellen, dass Ihr Anspruch an Perfektion mehr nimmt als bringt und Sie belastet, dann versuchen Sie, sich innerlich umzustimmen: »Mein Wert schlägt sich nicht in einem perfekten Haushalt nieder. Ich muss nicht überall perfekt sein.«

Der Macht dessen, was die anderen sagen, sei es das Lob (»Die schafft wirklich alles!«) oder der berüchtigte Staubkörnchen-Zeigefinger, können Sie mit dem Motto begegnen: Ein Haushalt muss sauber genug sein, um sich wohl zu fühlen und schmutzig genug, um glücklich zu sein.

Die Alles-Selbermach-Falle

Wenn Sie gerade ein Kind geboren haben oder wenn Sie krank sind, holen Sie sich selbstverständlich Hilfe. Mit gutem Gewissen engagieren Sie Ihren Partner als rettenden Engel, bitten Ihre Mutter oder Freundin, Sie zu unterstützen. Sie rufen vielleicht bei der Kirchengemeinde oder einer karitativen Organisation an und fragen um Hilfe.

Gehören Sie vielleicht zu den Menschen, die nur dann um Hilfe bitten können, wenn sie aus »guten«, anerkannten und nicht zu übersehenden Gründen allein nicht zurecht kommen? Müssen Sie erst zusammenbrechen, bevor Sie zugeben, dass Ihnen alles »ein bisschen zu viel« ist?

Diese Einstellung entspricht dem Frauenklischee, das gar nicht so selten in der Realität anzutreffen ist: Ich bin zuallererst für andere da, höre mir die beruflichen Heldentaten meines Mannes an und möchte ebenbürtig meine Frau im Leben stehen, gut aussehend und autonom. Ich lade mir auf die Schultern, was ich nur tragen kann, verschone die anderen mit meinen Sorgen und wenn ich zusammenbreche, dann bitte ich um Entschuldigung. Was hat eine Frau davon außer dem trügerischen Gefühl, allmächtig zu sein?

Um Hilfe zu bitten, ist keine Schande

Es ist keine moralische Verfehlung, um Hilfe zu bitten. Dem Partner die Nachtschicht beim Wickeln und Füttern zu übertragen. Bei der Nachbarin zu fragen, ob sie eine Packung Windeln aus dem Supermarkt mitbringen kann. Die Schwiegermutter zu bitten, vorbei zu kommen und das Baby herumzutragen.

»Delegieren« heißt in diesem Fall das Zauberwort. Sie werden sehen: Keiner beißt Ihnen den Kopf ab, wenn Sie freundlich um Unterstützung bitten. Es ist ja ein Deal auf Gegenseitigkeit: Wenn Sie wohltuende Entlastung durch andere hautnah erleben, dann werden Sie diese auch anderen gewähren, wenn es nötig ist.

Alles geht vorbei

Wenn ein Kind noch klein ist, kann man sich gar nicht vorstellen, wie es sein wird, wenn es nicht mehr nur getragen, umsorgt sein will und ständige Verfügbarkeit beansprucht. Doch diese Zeit kommt schneller als man meint. Bald schon ist es im Kindergarten, es verabredet sich mit Freunden, schläft außer Haus, entfernt sich schon ein Stück von seinen Eltern, schenkt ihnen ungewohnten Freiraum. Es gibt Mütter, die dann mit ihrer freien Zeit erst gar nichts anzufangen wissen. Die an den ersten Tagen ziellos herumlaufen, wenn das Kind im Kindergarten ist. Die plötzlich merken, wie lebendig es war, so ein nervenaufreibendes kleines Wesen ständig bei sich zu haben.

In genau diesem Moment stellt sich oft Wehmut ein: So zeitfressend und bindend diese erste gemeinsame Zeit auch ist – sie gibt auch viel und setzt sich so nicht weiter fort. Denn nichts hält die Kinder jetzt mehr. Sie suchen neue Erfahrungen, neue Menschen, entfernen sich von Mutter und Vater. Die Eltern gewinnen allmählich wieder neue Zeiträume für sich, die sie wieder neu zu füllen haben.

Auf einen Blick

1. ***Setzen Sie Prioritäten in Ihrem Leben und in Ihrem Alltag.***
2. ***Sie müssen nicht perfekt sein.***
3. ***Delegieren Sie Aufgaben, lassen Sie sich helfen.***
4. ***Genießen Sie die Zeit mit Ihren Kindern.***

3

Zeit ist das, was wir aus ihr machen

Wer in einer Familie lebt, muss mit seiner Zeit besonders gut haushalten. Mehr als 1440 Minuten hat ein Tag nicht. Immer wieder gibt es Tage, an denen man sich abends fragt: »Was habe ich heute eigentlich erreicht?« Und Tage, an denen man denkt: »Keine freie Minute habe ich heute gehabt.«

Sie können nicht auf Dauer den ganzen Tag lang im Dienst der Familie stehen. Sie brauchen Ruhepausen und Phasen, in denen Sie nur etwas für sich selbst tun. Es rentiert sich für alle, wenn Sie die Zeit so nutzen und einteilen, dass Sie selbst etwas davon haben. Es hat keinen Sinn, sich eine Viertelstunde freizuschaufeln, um mal eben noch den Flur zu wischen. Die Zeit, die Sie im Haushalt gewinnen, ist Zeit, die Ihnen gehört. Denn Zweck jedes Zeitmanagements ist zum einen, die alltäglichen Aufgaben zu schaffen und zum anderen, mehr Lebensqualität zu bekommen.

Ist Ihnen bewusst, was Ihnen Ihre kostbare Lebenszeit stiehlt? Es geht nicht um die Dinge, die notwendig sind: Zeit mit dem Partner/der Partnerin und den Kindern, Zeit für den Job, Zeit fürs eigene Sein und Tun, Zeit zum Essen und zum Schlafen – das ist gut angelegte Zeit, die zufrieden macht. »Gestohlene« Zeit dagegen sind die Momente, die ein fades Gefühl hinterlassen, bei denen Sie sich hinterher fragen: Ich habe heute viel geschafft, aber was habe ich, was hat meine Familie eigentlich davon gehabt?

Zeit wird verschwendet, wenn man

- zögerlich an wichtige Aufgaben herangeht,
- sich in Nebensächlichkeiten verliert (››› auch: »Die Verzettelungs-Falle«, Seite 10),
- sich für alles selbst zuständig fühlt, nicht delegieren mag (››› auch: »Die Alles-Selbermach-Falle«, Seite 14),
- sich zu leicht ablenken lässt,
- den Haushalt nicht optimal organisiert.

Wenn einer dieser Gründe – vielleicht kennen Sie auch noch weitere – auf Sie zutrifft, haben Sie vermutlich das Gefühl, dass Sie Ihren Alltag nicht gut im Griff haben. Sie fühlen sich »gelebt«, in einer passiven Rolle, den Umständen und Zwängen ausgeliefert. Wer sich allem ausliefert und dem nichts entgegensetzt, der wird von all den Aufgaben und Anforderungen überrollt.

Versuchen Sie darum immer wieder, sich ihrer aktuellen Rolle bewusst zu sein – und sie gegebenenfalls umzuschreiben:

- Sie selbst sind für sich selbst, Ihr Tun und Lassen, Ihre Entscheidungen verantwortlich.
- Sie sind als Haushaltsvorstand diejenige, die das Ruder in der Hand hat und bestimmt, was zu tun ist und was nicht.
- Der Diktatur der Zeit müssen Sie sich nicht unterwerfen, wenn Sie selbst bestimmt und souverän die wichtigen Dinge organisieren und Hindernisse forträumen oder umgehen.

Anregung für eine kleine Rückbesinnung

Erinnern Sie sich doch einmal daran, wie es war, als Sie noch keine Familie hatten. Setzen Sie sich gemütlich hin und schlüpfen Sie in die Rolle des Mädchens, des Jungen, das/der Sie einmal waren. Denken Sie an Situationen, die Ihnen gut gefallen haben als Kind. An den Zoobesuch mit den Eltern vielleicht. An Ihr Lieblingsessen. An Schmusestunden, an das schöne Vorlesebuch.
Wenn Sie sich in diese Zeit hineinversenkt haben, lassen Sie andere Bilder in sich aufleben. Wie war es, wenn die Eltern von Ihnen etwas gefordert haben? Wenn bestimmte Dinge zu erledigen waren? Wenn Sie an den Hausaufgaben gesessen haben? Haben Sie sich freudig auf jede Aufgabe gestürzt? Oder wurde Ihnen mit sanftem, aber beständigem Druck die Erfüllung der Pflichten verordnet? Oder aber ließen Sie die Zeit verstreichen, die Hausaufgaben Hausaufgaben sein, träumten lieber vor sich hin oder gingen mit den Freunden spielen, um dann am späten Abend das Notwendigste rasch und oberflächlich zu erledigen?
Ein Stück von diesem Kind, in das Sie sich eben hineinversenkt haben, tragen Sie weiter in sich. Die anerzogenen, in der Kindheit erworbenen oder charakterlich bedingten Verhaltensweisen bestimmen die Persönlichkeit. Doch diese Spuren der Vergangenheit müssen nicht als schicksalhaft hingenommen werden. Denn als Erwachsene haben wir die Möglichkeit, unser Verhalten zu reflektieren, eingefahrene Lebensstrategien zu verändern und an uns zu arbeiten.

Das Wichtige erkennen

Erinnern Sie sich an die Steine-Kiesel-Sand-im-Glas-Metapher auf Seite 10? Die größten Steine, das Lebenswichtige, gehören zuerst ins Glas, die entstehenden Zwischenräume bieten noch Platz für Kies und Sand – das Nachrangige.

Welche sind Ihre »großen Steine«? Familie? Freunde? Kreatives Tun? Entspannung? Der Beruf? Etwas ganz anderes?

Für die »Steine« – Ihre wichtigsten Lebensinhalte – müssen Sie genug Platz lassen in Ihrem Zeitbudget. Denn Zeit ist zwar eine subjektiv empfundene Größe – schöne Stunden werden bekanntlich als viel kürzer erlebt als Stunden, in denen wir uns nicht wohl fühlen –, aber Zeit ist dennoch objektivierbar, messbar. Jeder Tag ist begrenzt, und die Lebenszeit ist es auch (››› Kasten Seite 21). Also müssen wir diesen uns gegebenen Zeitrahmen nutzen, und zwar so, dass wir nicht nur die uns gestellten Aufgaben bewältigen, sondern uns selbst dabei nicht verlieren.

Die »Steine« vom »Kies« und vom »Sand« zu unterscheiden ist deshalb eine wichtige Aufgabe. Sie bringt Ordnung ins Denken und Handeln, strukturiert den Alltag. »Prioritäten setzen« ist also wieder die Devise.

Das Pareto-Prinzip, benannt nach dem italienischen Volkswirt und Soziologen Vilfredo Pareto, besagt, dass im Arbeitsprozess 20 Prozent des Aufwandes oft 80 Prozent des Ergebnisses erzielen. Für die jeweils restlichen 20 Prozent zum Erreichen des 100-prozentigen Erfolges rentiert sich der Aufwand meist nicht. Simpel ausgedrückt: Aufgaben können auch mit wesentlich weniger Arbeitsaufwand gemeistert werden. Auf das Arbeitsfeld Haushalt übertragen heißt das: Wenn ich meine Wohnung sauber und aufgeräumt sehen will, kann ich mich hundertprozentig verausgaben, aber deutlich weniger reicht für ein gutes Ergebnis auch aus.

Wie sieht es mit Ihrem Zeitgefühl aus?

Ergänzen Sie die folgenden Sätze, wenn Sie sich einen aktuellen Eindruck machen wollen, wie Sie zur Zeit stehen und was die Zeit mit Ihnen macht.

Die meiste Zeit geht drauf für ....
....

Zu wenig Zeit habe ich immer für ....
....

Zeit sparen könnte ich bestimmt mit ....
....

Unter großem Zeitdruck fühle ich mich immer, wenn ....
....

Dürfte ich aus meinem Tagesplan etwas streichen, wäre es ....
....

Verschwendete Zeit ist für mich ....
....

Besonders kostbar ist mir meine Zeit für ....
....

Ich langweile mich vor allem, wenn ....
....

Nach einem stressigen Tag entspanne ich mich am besten mit ....
....

Wenn jeder Tag eine Stunde mehr hätte, würde ich sie nutzen für

**Ausgerechnet! –
Eine Spielerei mit Zahlen**

Angenommen, Ihr Leben dauert **80 Jahre.**
Das sind umgerechnet:

42.076.800 Minuten

701.280 Stunden

29.220 Tage

4174 Wochen

960 Monate

Die Minuten, Stunden, Tage scheinen unendlich zu sein.
Doch die Anzahl der Wochen und Monate signalisiert:
Unsere Lebenszeit ist kostbar!

Auf einen Blick

1. ***Welche Lebensziele haben Sie, was ist Ihnen wichtig, was entspricht Ihrer Persönlichkeit?***
2. ***Nehmen Sie diese Ziele als Prioritäten, die Ihren Alltag strukturieren.***
3. ***Verausgaben Sie sich nicht. Schon 20 Prozent Ihres Arbeitseinsatzes genügen, um eine Aufgabe ausreichend zu erledigen.***

4

Wo bleibt die Zeit?

Essen zubereiten, putzen, kochen, waschen, die Kinder versorgen, aufräumen, einkaufen, Berufstätigkeit, Garten, Sport, Ehrenamt ... – der Tag könnte doppelt so lang sein! Aber er zerkrümelt nur so unter den Fingern, und am Abend stellt sich wieder einmal die Frage: »Wo ist nur die Zeit geblieben?«

Es kann hilfreich sein, sich ab und zu bewusst zu machen, wofür die Zeit konkret draufgeht – ein Ansatz für sinnvolle Veränderung.

Analysieren Sie Ihren Alltag. Überlegen Sie immer wieder mal,

- für welche Tätigkeit Sie wie viel Zeit brauchen,
- wie viel Freizeit Ihnen bleibt,
- ob Sie für die Bereiche, die Ihnen am wichtigsten sind, genügend Zeit haben,
- ob Sie für die Bereiche, die Ihnen eigentlich gar nicht so wichtig sind, zu viel Zeit opfern.

Es ist hilfreich, wenn Sie Ihr Tun und Lassen verschiedenen Zeitkategorien zuordnen:

Feste Zeitbindungen: Das sind die Zeiten, die Sie fest einplanen müssen für Tätigkeiten, die unbedingt notwendig sind und einem »Muss« gleichkommen, wie etwa Ihre Mindestschlafdauer, die Zubereitung/Beschaffung der Mahlzeiten, das Essen selbst, Bring- und Abholzeiten der Kinder zum Kindergarten und zur Schule, der Job mit seinen Wegezeiten ... Das heißt, in der Regel bietet sich kein Spielraum an.

Freiwillige Zeitbindungen: Hierunter fallen die Tätigkeiten, die zu selbstbestimmtem bzw. regelmäßigem Zeitverbrauch führen: Sportverein, Fortbildung, ehrenamtliche Tätigkeit, Theater-Abo ... Diese »Selbstverpflichtungen« können Sie noch einigermaßen gestalten und verändern.

Frei einteilbare Zeit: Das sind die Stunden, die Sie frei einteilen können: für Einkäufe, die Hausarbeit, für Verabredungen, Ihr Hobby, Garten, Kontakte, Putzen, Waschen oder zum Faulenzen. Hier liegt der wesentliche Spielraum für flexibel zu handhabende Pflichten oder echte Freizeit.

Die drei Zeitkategorien mit der uns zur Verfügung stehenden Zeit in Verbindung gebracht, ergeben folgende Zeitbilanz-Formel:

	24 Stunden/Tag
–	feste Zeitbindungen
–	freiwillige Zeitbindungen
=	**frei einteilbare Zeit pro Tag**

Natürlich ist es individuell sehr unterschiedlich, was als feste oder freiwillige Zeitbindung empfunden wird. Wie verteilt sich Ihre Zeit am Tag oder auch über eine Woche?

Es kann schon sehr aufschlussreich sein und Druck wegnehmen, wenn Sie Ihre festen und freiwilligen Zeitbindungen überschlagen und dann sehen, wie viel »freie« Zeit Ihnen für alles andere überhaupt noch übrig bleibt, und ob Sie die festen und freiwilligen Zeitbindungen allein leisten können.

Ab und zu hilft eine Zeitanalyse weiter

Wenn Sie es genauer wissen wollen oder Ihr »Zeitbudget« nicht im Überblick haben, können Sie eine eigene Analyse in schriftlicher Form erstellen; der Zeitaufwand für die einzelnen Tätigkeiten – weil schwarz auf weiß – wird dann noch deutlicher. Hängen Sie sich beispielsweise einen großen Bogen Papier an die Wand und protokollieren Sie täglich eine »typische« Woche lang alle Tätigkeiten und von wann bis wann Sie sie erledigt haben. Dafür können Sie verschieden farbige Stifte benutzen, mit denen Sie Verpflichtungen (vorgegebene und freiwillige) und Ihre freien Verfügbarkeiten markieren.

Übertragen Sie dann den Zeitaufwand der einzelnen Tätigkeiten auf ein neues Stück Papier, geordnet nach den genannten Kategorien, und addieren Sie die Stunden. Jetzt haben Sie einen Überblick über Ihr »Zeitkonto« und sehen, wie das Verhältnis zwischen gebundener und frei einteilbarer Zeit aussieht. Diese quantitative Bilanz liefert schon konkrete Ansätze: Kommt etwa die frei einteilbare Zeit eindeutig zu kurz, dann könnten Sie beispielsweise Arbeiten delegieren oder ihre freiwilligen Termine reduzieren. Denn Sie brauchen »Zeitpuffer«, um nicht unter Druck und Stress zu geraten. Oder Sie erheben eine Freistunde für sich selbst zur freiwilligen Zeitbindung, wenn Sie sonst zu kurz kommen würden.

Wichtig ist natürlich auch die Qualität Ihres Zeitreservoirs. Machen Sie sich immer wieder bewusst, wie viel Zeit Sie für Ihre Hauptsachen, für Nebensächliches und wie viel für Unwichtiges aufbringen bzw. zur Verfügung haben (››› Seite 10). Wie sieht dieses Ergebnis für Sie aus? Passen Zeitmengen und jeweiliges Tun zusammen oder klafft da was auseinander? Bei Letzterem könnten Sie sich Ihrer Prioritäten wieder bewusst werden und neu umschichten.

Wenn Sie das Gefühl haben, dass eine Anforderung und der dafür nötige Zeitaufwand nicht zusammenpassen, kann es mehrere Gründe dafür geben:

- Fehlende Motivation, Unlust
- Blinder Aktionismus (»Das mache ich mal eben zwischendurch«)
- Selbstüberschätzung (zu viel auf einmal vorgenommen)
- Mangelhaftes Teamwork in der Familie
- Unfähigkeit, Nein zu sagen
- Verlieren in Details (Arbeitsziel aus den Augen verloren)

Wie Sie mit solchen Stolpersteinen des Alltags umgehen können, erfahren Sie unter dem »10 Punkte-Programm zur Entlastung«, ››› Seite 70.

Sie haben Ihren Alltag analysiert – im Kopf oder auf Papier. Aber enstprechen die Zeiten, zu denen Sie die verschiedenen Aufgaben in Angriff nehmen, überhaupt Ihrem inneren Rhythmus? Unsere Leistungsfähigkeit schwankt innerhalb eines Tages nämlich erheblich. Die meisten Menschen sind vormittags sehr belastbar, haben mittags ein Leistungstief, fühlen sich am Nachmittag und frühen Abend wieder einigermaßen munter und werden später bettreif. Doch das ist individuell wieder sehr unterschiedlich.

Sie können Ihren Tag gemäß Ihrer persönlichen Leistungskurve strukturieren. Leistungstiefs und -hochs halten jeweils zwei bis drei Stunden an. In einem Leistungshoch können Sie gut Entscheidungen treffen, lernen, lesen, körperlich aktiv sein. Ein Leistungstief ist eine günstige Zeit um zu schlafen, spazieren zu gehen oder Routinetätigkeiten zu erledigen. Versuchen Sie Ihre persönliche Leistungskurve mit der Tageszeit in Einklang zu bringen. Für viele Menschen bewährt sich ein fester Tagesablauf mit den immer gleichmäßigen Abläufen. Der Körper stellt sich auf diese Zeiten ein, die Arbeiten werden dadurch leichter, weil routinierter.

Ein kleiner Trost ...

... für alle, die am Wochenende nicht ausschlafen können, weil die Kinder schon frühmorgens putzmunter sind: Für das Funktionieren Ihrer »inneren Uhr« ist es am besten, wenn Sie jeden Tag zu etwa der gleichen Zeit aufwachen. Denn Ihr Körper braucht Kontinuität. Wird der Rhythmus von Aktivität und Ruhe verschoben, rächt sich das am nächsten Tag – Sie fühlen weniger Energie, bis sich die biologische Uhr wieder eingependelt hat.

Auf einen Blick

1. *Wenn Ihnen die Zeit unbefriedigend durch die Finger rinnt, finden Sie heraus, wie viel Zeit welche Ihrer Beschäftigungen in Anspruch nehmen und wie das Ergebnis für Sie zusammenpasst.*
2. *Sehen Sie sich das Verhältnis zwischen verplanter und frei einteilbarer Zeit an.*
3. *Machen Sie sich bewusst, warum einige Tätigkeiten viel Zeit in Anspruch nehmen und ob sie dies wert sind.*
4. *Entlasten Sie sich, wenn Ihnen keine »Luft« mehr bleibt. Entweder indem Sie delegieren. Oder ersatzlos streichen.*
5. *Richten Sie Ihr Tun so weit wie möglich nach Ihrer eigenen »inneren Uhr« aus.*

Raum schaffen

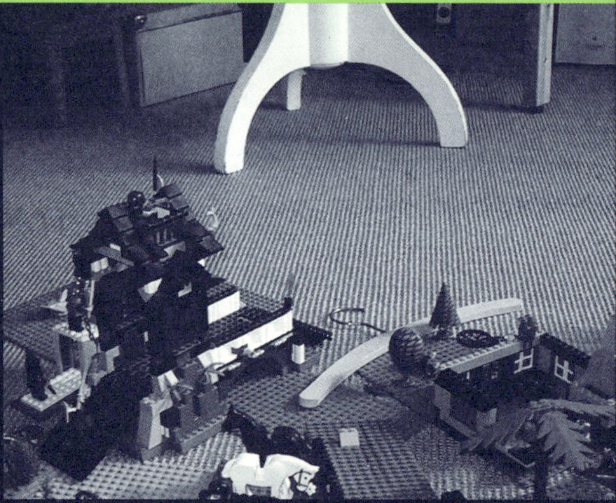

Die Psyche des Menschen reagiert auf seine jeweilige Umgebung. In einer mit Möbeln und Kleinkram zugestellten Wohnung kann die Seele nicht frei atmen.

Ein Entrümpeln macht die Wohnung nicht nur übersichtlicher und pflegeleichter – es hat auch einen selbstreinigenden und befreienden Effekt. Dies berichten viele, die es geschafft haben. Schwierig ist eher der Angang, sich mit Altem, Überholtem, Vergangenem kritisch zu befassen, weil das Ausdünnen und Sichten Zeit stiehlt und vom gegenwärtigen Erleben abhält. Und so »schleppen« auch Sie vielleicht diesen Vorsatz mit sich. Wenn Sie nicht zu denen gehören, die regelmäßig wegräumen, aussortieren und wegwerfen, können die folgenden Anregungen Anstöße geben:

- Teilen Sie sich die Arbeit in bekömmliche Etappen auf. Für »Alles-oder-Nichts-Typen« mag es eine Herausforderung sein, anfallartig alles in einem Rutsch zu bewältigen. Für die meisten sind allerdings kleine Aufräumportionen verdaulicher, und sei es nur eine Schublade, ein Regalbrett, ein Schrank ... – hier mag das Am-Ball-Bleiben zum Problem geraten.
- Suchen Sie sich Helfer für diese Arbeit. Ein anderer Mensch hat eine nüchterne Einstellung zu Dingen, die weggeworfen oder zumindest weggeräumt werden können, weil er keine emotionale Bindung daran hat.
- Bilden Sie drei Haufen (dafür eignen sich übrigens hervorragend Wäschekörbe oder große Müllsäcke):
  1. einen mit Dingen, die Sie auf gar keinen Fall weggeben möchten,
  2. einen mit Dingen, die überflüssig oder kaputt sind und die Sie seit mindestens einem Jahr nicht benutzt haben,
  3. einen mit Dingen, bei denen Sie noch unsicher sind, ob Sie sie behalten sollten.

  Die Dinge der ersten Kategorie bewahren Sie auf und geben ihnen vielleicht einen neuen Platz. Die zweite wandert in den Müll oder zum Trödelmarkt. Die dritte kommt in den Keller. Nach ein paar Monaten sehen Sie sie den Inhalt noch einmal durch. Mit dem jetzt distanzierteren Blick werden Sie wiederum einiges aussortieren können.

- Vermeiden Sie es, Oberflächen wie den Couch- oder Esstisch, die Arbeitsplatte in der Küche, die Kühlschrank-Platte oder die Fensterbretter auf Dauer als Parkplätze für Krimskrams zu benutzen und dann zu »übersehen« oder zu »vergessen«.
- Halten Sie den Fußboden weitgehend frei, sortieren Sie alles, was dort chronisch herumliegt, in Schränke oder Regale. Dort stört es weniger als auf dem Fußboden.

Auch für das Ausmisten gilt: Entwickeln Sie Ihre eigene Strategie

Und sollten Ihnen einzelne Tipps nicht zusagen, wandeln Sie sie für sich um und entwickeln Ihre eigene, ganz individuelle Strategie.

Das Kinderzimmer: Vom Saustall zum Spiel-Platz

Das Kinderzimmer ist häufig ein besonders neuralgischer Punkt in der Wohnung: Kinder sind über Jahre hinweg leidenschaftliche Sammler und möchten am liebsten alles bei sich haben. Da verstauben die selbst gebastelten Kunstwerke unter dem Bett, im Regal türmen sich die unvollständigen Puzzles, und auf dem Schrank sitzen all die niedlichen Plüschtiere von den Omas und Tanten und werden von den Spinnen als Zwischenlandeplatz benutzt. Und wehe, es droht ein Entrümpeln der Schätze: Dann ist alles, alles so wichtig, lieb und teuer und darf auf gar keinen Fall sein Ende im Müll finden. Doch ab und zu muss ein Ausmisten einfach sein, denn Kinder spielen eben nicht zehn Jahre lang mit denselben Puppen, derselben Ritterburg wie die Kinder früherer Generationen, sondern sie sind Kinder des Konsums: Viele bekommen ständig Neues, das irgendwo seinen Platz finden muss.

Natürlich müssen wir sensibel umgehen mit den Besitztümern unserer Kinder. Ein Stein, ein paar gesammelte Blätter, leere Tintenpatronen oder aus Zeitschriften ausgeschnittene Bildchen sind Dinge, deren Wert für das Kind wir akzeptieren sollten und die wir auf gar keinen Fall wegwerfen dürfen, wenn das Kind das nicht will. Andererseits wird ein Kind verstehen (lernen), dass es sich von einigen Spielsachen verabschieden muss, um Platz für Neues zu schaffen oder mehr Raum zum Spielen zu haben. Grundregel sollte sein: Was kaputt ist und nicht repariert werden kann, das wandert in den Müll. Dinge, mit denen das Kind so gut wie gar nicht spielt, gehören in den Keller oder auf den Dachboden. Dinge, mit denen das Kind nicht ständig spielt, finden ihren Platz oben im Schrank oder auf den obersten Regalbrettern. Werden sie nach ein paar Wochen wieder heruntergeholt, haben sie oft wieder einen neuen Anreiz bekommen, sich mit ihnen zu beschäftigen.

Nun sind auch ein Keller oder Dachboden nicht mit Gummiwänden ausgestattet, die sich endlos dehnen und alles Überflüssige aufnehmen können: Auch Gerümpel im Keller kann belasten. Also müssen die Spielsachen wie die Kisten mit Aussortiertem, die sich hier im Laufe der Zeit angesammelt haben, auf ihre weitere Verwendbarkeit überprüft werden. Das Kind, das gezetert und gemault hat, als wir die schönen Dinge in Kisten gepackt haben, wird nun vielleicht, mit zeitlicher Distanz, eher bereit sein, sie endgültig zu entsorgen oder fort zu geben; das Vorbild der Eltern kann hierbei sehr hilfreich sein. Das Diakonische Werk oder das Rote Kreuz sind übrigens dankbar für Spielsachen, und auf einem Basar oder Flohmarkt kann sich das Kind damit sogar ein paar Euro verdienen.

Auch im Kinderzimmer gilt: Das Aufräumen/Entrümpeln kann häppchenweise oder in einer Hauruck-Aktion passieren. Zusammen mit Kindern ist unter Umständen eine Familien-Aufräum-Fete am Wochenende eine gute Idee. Alle packen mit an, in den gemeinschaftlich genutzten Räumen helfen alle mit, in den eigenen Zimmern räumt jede und jeder selbst auf, und zum Schluss gibt es eine Belohnung, an der alle Freude haben: einen Kinobesuch, einen gemütlichen Fernseh-Nachmittag, ein Ausruh-Kuschel-Lese-Stündchen ...

Ordnung gemacht, Ordnung halten

Wenn Sie alles Überflüssige aus dem Kinderzimmer verbannt haben, können Sie sich an den zweiten Schritt machen: Für genügend Stauraum sorgen. Sehen Sie sich im Kinderzimmer um. Was liegt und steht noch störend herum? Regalsysteme mit Schubladen, Utensilos an Wand oder Tür und große Kisten nehmen raumsparend vieles auf, was unseren Kindern lieb und teuer ist.

Wie auch bei der Mithilfe im Haushalt kommt es darauf an, dem Kind von Anfang an das Aufräumen als ganz normale Tätigkeit zu vermitteln. Geschickte Eltern machen daraus abends ein Spiel: Wer hat als Erste/r alle Puppen schlafen gelegt? Wer kann aus zwei Metern Entfernung mit den herumliegenden Bällen und Bauklötzen in die Spielkiste treffen?

Versuchen Sie, bei der Kinderzimmer-Entrümpelung und dem abendlichen Aufräumen einen Mittelweg zu finden zwischen Ihren eigenen Ansichten von Ordnung und einem gesunden Chaos, das Kinder brauchen, um kreativ zu spielen. Je älter das Kind ist, desto mehr braucht es ein eigenes Umfeld, das es selbst gestalten kann und für das es auch verantwortlich wird. Optimal ist es, dem Kind ab einem bestimmten Alter das Aufräumen und Sauberhalten des eigenen Zimmers zu überlassen und sich nur einzumischen, wenn Ordnung und Sauberkeit mit den eigenen Ansprüchen auf Dauer überhaupt nicht übereinstimmen.

Noch sehr junge Kinder sind allerdings vom Aufräumen ihres Zimmers grenzenlos überfordert. Sie brauchen die Hilfe ihrer Eltern: Das Aufräumen soll eine spielerische Gemeinschaftsaktion sein, die das Kind nicht als Belastung empfindet.

Auf einen Blick

1. *Wenn Ihr Haushalt und Lebensumfeld übersichtlich sind, haben Geist und Seele mehr Raum und Sie sparen Zeit und Nerven.*
2. *Planen Sie realistisch ein, wie viel Zeit Sie für das Aufräumen und Entrümpeln brauchen, inklusive der Vorbereitung (zum Beispiel Putz-Utensilien und Sortier- und Aufbewahrungsmöglichkeiten bereitstellen) und der nachfolgenden Arbeiten (zum Beispiel die ausrangierten Dinge zum Müll bringen oder in den Keller schaffen).*
3. *Schaffen Sie genügend Stauraum.*
4. *Räumen Sie das Kinderzimmer nicht nach Ihren eigenen, sondern nach den Kriterien Ihrer Kinder auf: Darüber, was wichtig oder unwichtig ist, haben die Kinder andere Ansichten als Sie.*
5. *Gewöhnen Sie Ihre Kinder möglichst früh daran, ihr Zimmer selbst aufzuräumen.*
6. *Nehmen Sie sich so viel auf einmal und das ggf. mehrmals vor, wie Sie und Ihre Mit-Aufräumer es gut schaffen können.*

6

Planung ist das halbe Ergebnis

Planen Sie, wie es in Ihrem Haushalt zugeht? So wie Sie bei Autofahrten planen, wohin es wie und wann am besten geht, und sich zwischendurch vergewissern, ob Sie auch auf dem richtigen Weg sind? Meinen Sie vielleicht, die Hausarbeit zu planen raubt Ihnen Zeit, und gerade Zeit ist es ja, die Sie nicht zu verschenken haben?

Einen Haushalt zu führen ist sicher nicht einfacher als mit dem Auto von hier nach dort zu fahren. Ganz im Gegenteil: Ein Haushalt ist ein komplexes Gebilde, einem kleinen Unternehmen vergleichbar, für das durchaus Management-Qualitäten gefragt sind. Planung ist die Vorbereitung darauf, ein bestimmtes Ziel möglichst effektiv und reibungslos zu erreichen, und sie hilft, dieses auf dem Weg dorthin nicht aus den Augen zu verlieren. Deshalb: Nehmen Sie sich die Zeit zum Planen! Die Zeit, die Sie hier investieren, zahlt sich aus.

Es ist z. B. sehr hilfreich, abends all das, was am nächsten Tag dran ist, zu sammeln und gegebenenfalls schriftlich festzuhalten. Sie können diese Aufgaben unterteilen in

1. Dinge, die unbedingt erledigt werden müssen – Ihre Zeitverpflichtungen,
2. Dinge, die erledigt werden sollten - Ihre Zeitbindungen,
3. Dinge, die noch erledigt werden könnten, wenn dafür Zeit ist.

Die drei Kategorien sind das Gerüst, mit dem Sie sich den Tag bauen. Auch eine unverplante Zeit»reserve« sollte berücksichtigt werden, sowohl um die gestellten Aufgaben stressfrei zu bewältigen, als auch, um Platz für Unvorhergesehenes zu haben. Wenn Sie diesen Spielraum dann nicht brauchen, haben Sie Zeit für sich selbst oder etwas anderes gewonnen. Deshalb planen Sie die Zeit großzügig! Als Faustregel gilt: Nur 60 Prozent der zur Verfügung stehenden Zeit sollten verplant sein. Am Abend des jeweiligen Tages überprüfen Sie, was Sie geschafft haben und setzen das Unerledigte auf den Plan für den nächsten Tag.

Bedenken Sie bei Ihrer Planung, dass viele Tätigkeiten auch Zeit für Vor- und Nachbereitung kosten können. Wenn Sie beispielsweise vorhaben, die Fenster zu putzen, müssen Sie Zeit dafür einplanen, die Leiter zu holen, den Eimer mit Wasser zu füllen und zum Fenster zu tragen, die Fensterbank frei zu räumen, Putzmittel bereit zu stellen und anschließend alles wieder an seinen Platz zu räumen. Erst dann ist die Arbeit richtig getan.

Das schriftliche Planen bringt Ihnen nicht nur die notwendige Übersicht, sondern motiviert Sie, das Anstehende in übersichtliche Häppchen aufzuteilen. Ein Trick, um die eigene Motivation noch zu erhöhen: Formulieren Sie die anstehenden Tätigkeiten ergebnisorientiert! Unser Denken beeinflusst unsere Sprache und umgekehrt. Schreiben Sie »Wäsche aufgehängt« statt »Wäsche aufhängen«. Es ist ein beflügelndes Gefühl, die erledigten Aufgaben nach und nach abzuhaken! Am Abend sehen Sie, welche Aufgabe(n) Sie nicht bewältigen konnten, vielleicht weil Sie den Zeitaufwand nicht richtig eingeschätzt haben, und für die legen Sie »das nächste Mal« fest, verbunden mit einer kleinen Nachlese, z. B. wie viel Zeit Sie gebraucht hätten, um diese Aufgabe(n) zu erledigen oder wie Sie die dafür notwendige Zeit am nächsten Tag einsparen könnten. So bekommen Sie nach und nach ein realistisches Gefühl dafür, was Sie sich vornehmen können und wann Sie sich überschätzen würden.

»Ich will« statt »Ich muss«

Das positive Formulieren können Sie auch in Ihr Denken übernehmen. Wenn Sie in Gedanken sagen »Ich muss etwas tun«, formulieren Sie damit Zwang und liefern sich Ihren Aufgaben aus. Anders wirkt »ich will«. Der Satz »Ich will morgen die ausstehenden Rechnungen überweisen« bedeutet: Ich erledige diese Aufgabe freiwillig. Und freiwillige Aufgaben belasten weniger. Ein kleiner Trick zur Selbstüberlistung mit großer Wirkung ...

Richtiges Planen bringt viele Vorteile: Sie können mit der Zeit souverän umgehen und Sie wissen genau, welche Tätigkeiten von Bedeutung sind und Vorrang haben vor anderen Aufgaben. Sie delegieren einige Aufgaben, gewinnen Zeit für sich und Ihre Familie. Ein gar nicht oder schlecht geplanter Alltag dagegen frisst Ihre Zeit und Nerven, lässt Sie wichtige Dinge aufschieben oder gar vergessen und unwichtige erledigen, und alles bleibt an Ihnen hängen.

Das abendliche Planen kann gleichzeitig ein Resümee des vergangenen Tages sein: Vergegenwärtigen Sie sich, was Sie gut gemacht und erledigt haben, was vielleicht unvorhergesehen dazu gekommen war und was Sie nicht geschafft haben oder Ihnen misslungen ist. Das Unerledigte merken Sie sich für den nächsten Tag oder die nächste Woche vor. So ersparen Sie sich ein schlechtes Gewissen, wenn Sie nicht alles erledigt haben und schließen gedanklich mit dem Tag ab. Wenn Sie etwas drei Mal verschieben, sollten Sie es einer anderen Kategorie (»unwichtig«) zuordnen, jemand anderen damit beauftragen oder alles andere zurückstellen, bis Sie es erledigt haben.

Auf einen Blick

1. ***Planen Sie möglichst schriftlich: Notieren Sie, was Sie am (nächsten) Tag erledigen wollen – unbedingt, dringend oder wenn es geht.***
2. ***Planen Sie großzügig.***
3. ***Formulieren Sie die anstehenden Aufgaben ergebnisorientiert.***
4. ***Machen Sie sich abends bewusst, was Sie geschafft haben und warum was nicht erledigt werden konnte oder zu kurz gekommen ist.***

Glosse

»Pack die Badehose ein ...«

»Hast du das Auto zur Inspektion angemeldet?« Mein Mann zuckt zusammen: Glatt vergessen! Aber die grüne Versicherungskarte, die ist schon mit der Post unterwegs. Prima, aber was nützt die, wenn mitten in den Alpen der Vergaser den Geist aufgibt? Also Anruf in der Werkstatt, mit weiblichem Charme einen Ad-hoc-Termin erflötet. »Die Werkstatt-Termine solltest du nun immer machen«, sagt mein Mann. »Du kannst das so gut!«

Wer gießt in diesem Jahr eigentlich die Blumen? Die eine Nachbarin liegt im Krankenhaus, die andere ist selbst verreist. Und die befreundeten Familien sind in den Ferien sowieso auf Achse. Die Oma wohnt nicht weit, aber sie hat ein sehr einnehmendes Wesen und definiert sich über hundertfünfzigprozentige Pflichterfüllung; sie würde unsere Pflanzen gut gemeint ersäufen und vermutlich gleich die Küche renovieren, wenn sie schon mal da ist. Aber Oma ist unser Notnagel, und freudig sagt sie zu.

Koffer packen. Diesmal nehmen wir aber nicht wieder so viel mit wie im vergangenen Urlaub. Die Hälfte von den warmen Pullovern und Socken und Unterhemden hatten wir gar nicht ausgepackt. In der glühenden Hitze hätten ein paar T-Shirts und kurze Hosen völlig ausgereicht. Also lege ich Kleiderstapel aufs Bett, einen für meinen Mann, einen für mich, einen für Leo, einen für Lissi. Erfreulich klein sind diesmal die Stapel. Ob wir wohl diesmal eine Wanderung machen werden? Die Kinder sind schließlich groß genug dafür. Aber wer wandert, braucht feste Schuhe. Die festen Schuhe müssen also mit ins Gepäck, zwei paar kleine und zwei Paar große, zusammen mit acht Paar Socken. Und natürlich Gummistiefel, denn wer weiß, wie das Wetter wird; da es im letzten Jahr strahlend schön war, spricht die Wahrscheinlichkeit dafür, dass es in diesem Jahr ein paar Regentage geben wird. Doch, die Regenjacken packe ich lieber mit ein, sie nehmen ja wenig Platz weg und sind ganz leicht. Hat es in der Provence eigentlich schon mal im Sommer geschneit? Einmal ist immer das erste Mal, auf das Wetter kann man sich ja heutzutage überhaupt nicht verlassen. Also für jeden einen dicken Pullover und eine gefütterte Hose, für alle Fälle. Und Mützen. Natürlich, Mützen müssen sein, die Kinder bekommen so leicht Ohrenschmerzen, ein kühler Windzug reicht aus und schon haben sie eine Mittelohrentzündung. Ach ja, Medikamente. Fieberzäpfchen, Kohletabletten, Hustensirup, das ist doch das Mindeste. Und Augentropfen. Und die Pillen gegen Übelkeit beim Autofahren. Und wenn den Kindern trotz Pillen übel wird? Lieber noch eine Jacke und Hose zum Wechseln ganz oben in den Koffer, damit man gut drankommt.

Ich packe, ich stopfe, ich fluche. So voll waren die Koffer doch im vergangenen Jahr nicht. Leo kommt noch mit seinen Lieblingsbüchern an, 15 Stück. Seine Münzsammlung soll auch mit. Ich streike. Schmolle so lange, bis Lissi fragt, wo hinein ich ihre Puppenstube packen will. Nun schmolle ich nicht mehr, sondern platze. Meine Familie entfernt sich schleunig.

Leos Bücher bleiben bis auf zwei zu Hause, die Münzsammlung auch, Lissis Puppenstube ebenfalls – nur ein paar Püppchen dürfen mitreisen. Irgendwie gehen die Koffer zu, aber sie sehen hoch schwanger aus. Und am nächsten Tag sitzen wir, wer hätte es gedacht! – tatsächlich im Auto und die Räder rollen schon auf die Autobahn zu. Ferienlaune, Sonnenschein. Die Kinder blinzeln ins helle Licht. »Mama, holst du mal die Sonnenbrillen aus dem Koffer?« Die Sonnenbrillen! Die liegen im Flurschrank, oberste Schublade.

Wissen Sie, was ich in diesem Augenblick gedacht habe? Im nächsten Jahr kann sich mal jemand anders um die ganze Packerei und Vorbereiterei kümmern, habe ich gedacht. Und mir einen neuen Dienstleistungszweig ausgedacht: Profi-Kofferpacker, die für ein paar Euro ins Haus kommen und routiniert die Koffer füllen. Ich wäre deren erste Kundin.

Während ich mir in Gedanken diesen noch unentdeckten Berufszweig ausmale, beginnen die Kinder hinter mir zu spielen: »Ich packe in meinen Koffer ...«

Planung konkret umgesetzt

Was Sie aufschreiben, bleibt besser im Gedächtnis haften und wirkt ein Stück verbindlicher. Für die Festschreibung von Terminen und Tätigkeiten bieten sich verschiedene Möglichkeiten an.

Der Mensch ist ein seltsames Wesen. Obwohl sein Gehirn genug Kapazität hätte, um alle Erinnerungen und Aufgaben zu speichern, funktioniert das Gedächtnis doch selektiv: Neue Erfahrungen und Vorhaben schieben sich über die alten und lassen sie verblassen. Manche Erlebnisse oder Vorsätze werden vergessen, weil das Unterbewusstsein sie für nicht wichtig oder für unangenehm hält. Das Gedächtnis ist ein unzuverlässiger Begleiter des Menschen.

Wenn wir es ernst meinen mit der Zeit- und Terminplanung, müssen wir unser Gedächtnis austricksen bzw. ihm auf die Sprünge helfen, indem wir unsere Vorhaben schriftlich fixieren. Das hat mehrere positive Effekte:

- Das Aufschreiben zwingt zum Nachdenken und gedanklichen Sortieren.
- Eine schriftliche Planung ist verbindlicher, wir nehmen sie ernster als das, was wir im Kopf gespeichert haben.
- Unser Gedächtnis wird entlastet; der Kopf wird frei für die aktuellen Aufgaben.
- Die Schriftform kann zur Selbstmotivation beitragen, indem das Niedergeschriebene auffordert, die Aufgaben auch wirklich abzuarbeiten.
- Jedes Häkchen hinter einer erledigten Aufgabe zeigt, was passiert und geschafft ist. To-do-Listen, die abgearbeitet wurden, schenken ein Gefühl der Zufriedenheit; sie sind Dokumente realer Leistung.

Wichtig ist, die Terminplanung rechtzeitig, also am spätestens am Abend zuvor, niederzuschreiben. Denn über Nacht beschäftigt sich das Gehirn mit den künftigen Aufgaben, und manches Problem löst sich so »im Schlaf«.

Planen auf Papier

Wie eine schriftliche Planung aussehen könnte, hängt von den Anforderungen ab. Für den einen reicht ein Familienkalender an der Wand, in den die wichtigsten Termine eingetragen werden. Die andere braucht eine tägliche Übersicht darüber, was gerade ansteht. Der dritte wiederum möchte nicht nur Aufgaben und Termine notieren, sondern alle wichtigen Informationen wie Adresslisten und Wochen-, Monats- oder sogar Jahresübersichten zusammen zur Hand haben.

Für ein erfolgreiches Zeitmanagement reicht es allerdings nicht, sich nur anstehende Termine zu notieren. Dazu braucht es Werkzeuge, die eine Übersicht über die anstehende und die geleistete Arbeit bieten. Die bietet der Markt in vielfältiger Form an:

Verschiedene Varianten im Angebot

- Gebundene Terminbücher mit unterschiedlich viel Platz für Notizen pro Tag
- Wochenvormerkkalender, die eine Übersicht über die ganze Woche liefern
- Jahresplaner, die einen langfristigen Überblick, aber wenig Platz für tägliche Notizen bieten
- Terminplansysteme mit Einlagen, die individuell zusammengestellt werden können.

Die Kosten für diese Produkte sind äußerst unterschiedlich. Für die ganz edlen Terminplaner, mit denen Manager ihr Arbeitsleben strukturieren, sind bis zu 200 Euro fällig.

Für den Hausgebrauch eignen sich in der Regel ein Zeitplan-Ringbuch oder ein gebundener Kalender. Folgende Funktionen sind wichtig:

- Eine Übersicht über alle wiederkehrenden Termine (z.B. Geburtstage)
- Viel Platz für die Tagesplanung (To-do-Listen)
- Ein Adress- und Telefonverzeichnis
- Blanko-Seiten für die individuelle Ausgestaltung (z. B. Prioritätenlisten oder Speisepläne für mehrere Wochen)

Ein solches Terminbuch sollte ansprechend aussehen, so dass Sie es gern in die Hand nehmen. Verzieren, bemalen, bekleben, verschönern Sie es, so dass es Ihre individuelle Note bekommt.

Um gut sichtbar das Wichtige vom weniger Wichtigen oder Unwichtigen zu unterscheiden, können Sie Ihre Planung in unterschiedlich farbigen Stiften notieren oder markieren: Das Wichtige bekommt natürlich die Signalfarbe Rot.

Das Ringbuch erlaubt die ganz individuelle Gestaltung: Es kann so bestückt werden, wie Sie es wirklich brauchen. Um Aufschluss über Ihre Zeitverwendung zu erhalten, lohnen sich übrigens auch rückwärtsgerichtete Aufzeichnungen: Was habe ich gestern oder in dieser Woche geleistet und erreicht? Was ist mir nicht gelungen? Was konnte ich problemlos oder nur mit Mühe erledigen? Solche Vermerke geben Aufschluss über die »Problemzonen« in Ihrem Alltag.

Alles auf einen Blick: Die Pinnwand

Eine Pinnwand kann eine große Hilfe sein, aber auch eine Ursache für Verwirrung und Chaos. In vielen Familien gleicht die Pinnwand einem Müllcontainer, auf der alles entsorgt wird, das man schnell aus der Hand haben will: Da hängen die Konzertkarten neben dem Kochrezept, das vor einem halben Jahr sofort ausprobiert werden sollte. Der Bußgeldbescheid wegen Falschparkens ist gleich neben dem Speiseplan vom Menue-Bringdienst angebracht, das schöne Bild, das die Tochter im Kindergarten gemalt hat, wurde neben der Streifen-Fahrkarte angenadelt, und das Schreiben von der Bank überdeckt halb die Urlaubspostkarte von Tante Gerda und zur anderen Hälfte den Brief des Internet-Providers.

Kein Wunder, dass eine solche Pinnwand unsere Augen dazu zwingt, über sie hinwegzusehen. Unser natürlicher Drang nach Übersichtlichkeit sucht erkennbare Strukturen und verweigert sich dem Chaos. Doch die Tatsache, dass in nahezu allen Familien an irgendeiner Wand, vorzugsweise in der Küche, eine solche Erinnerungsnische angebracht ist, zeigt, dass der Mensch ein solches »Grab« für die kleinen und großen Botschaften braucht. Wohin damit? Und eine dieser Tafeln aus Kork, Holz oder Metall ist doch ein wunderbarer Gewissens-Beruhiger: Ich habe alles im Blick, alles im Griff. Auch hier sollten Sie sich ehrlich fragen: Hilft ein solcher Kruschel-Ort wirklich, Ihr Selbstmanagement zu vereinfachen?

Pinnwand-Management

Die erste Maßnahme, um Ihre Pinnwand übersichtlich zu gestalten, ist: Gewöhnen Sie sich einfach ab, alles, was Sie woanders nicht unterbringen können, in dieses »Informations-Zwischenlager« abzuschieben. Und gewöhnen Sie sich daran, nur die wirklich aktuellen, wichtigen Dinge dort anzuheften. Eine Pinnwand kann keinen Ordner ersetzen. Die Aufgabe einer Pinnwand ist es, Sie an Dinge zu erinnern, die Sie nicht aus den Augen verlieren dürfen.

Das gehört an die »offizielle« Pinnwand:

- Konzert-, Theater- und Kino-Karten
- wichtige aktuelle Adressen
- Notizzettel mit den aktuellen Terminen
- unbezahlte Rechnungen
- die aktuelle Einkaufsliste
- evtl. der aktuelle Fahrplan
- evtl. die Abfallentsorgungstermine
- die aktuellen Billignummern

Sinnvoll kann es sein, besonders Wichtiges zusätzlich im Kalender/Organizer zu notieren. Doppelt hält besser. Für alles andere – Kochrezepte, Urlaubspostkarten, die Eintrittskarte vom letzten Museums-Besuch als Erinnerungsstück, die selbst gemalten Kinderbilder – suchen Sie sich alternative Aufbewahrungsmöglichkeiten. Solche Schätze sind zu schade, um verstaubt und von Küchenfett überzogen nach einem Jahr mit spitzen Fingern entsorgt zu werden. Ein »Erinnerungs-Ordner« kann Postkarten oder entwertete Eintrittskarten viel besser aufbewahren. Und für Kochrezepte, die Sie interessant finden und gern irgendwann nachkochen würden, gibt es einen eigenen Ordner als ganz individuelles Rezept-Buch.

Die Pinnwand fürs Herz

Und was ist, wenn Sie sich ohne Dekos nicht wohl fühlen und sie immer im Blick haben möchten, die Kinderbilder, die interessanten Fotos aus Illustrierten, die Urlaubspostkarten, – wenn das Herz sich daran erwärmen möchte?

Diese Dinge finden auch ihren Platz, an einer zweiten Pinnwand oder an einem Ort, an dem die Dekoration ihren Zweck erfüllen kann – nämlich den, sich ausschließlich darüber zu freuen.

Die Hauptsache ist, dass Sie einen klaren Blick auf die Erfordernisse haben und sich nicht ablenken lassen durch Dinge, die das Planen erschweren könnten.

Zeitplanung per PDA

Die elektronischen Planungshilfen

Die elektronischen Organizer werden immer perfekter und handlicher. Sie sind sehr unterschiedlich ausgestattet, abhängig von Hersteller, Betriebssystem und Zielgruppe. Bekannt sind die kleinen Helfer auch unter dem Namen »Personal Digital Assistant« (PDA). Zur Standard-Ausrüstung der meisten Geräte gehören beispielsweise Adressbuch, Terminplaner, Kalender, Notizblock, Aufgabenplaner. Weitere Anwendungen, wie beispielsweise Textverarbeitung, Tabellenkalkulation, Taschenrechner und Spiele, sind bei einigen Geräten ebenfalls integriert. Software für unterschiedlichste Bedürfnisse kann aus dem Internet heruntergeladen werden.

Bei den meisten PDAs werden die Notizen mit einem Stift direkt auf den druckempfindlichen Bildschirm geschrieben. Eine Software zur Handschriftenerkennung überträgt die Aufzeichnungen. Aber auch über eine kleine Tastatur können Texte eingegeben werden. Ein großer Vorteil der neuen PDAs ist es, dass man sie problemlos mit dem PC abgleichen kann. Diesen Abgleich nennt man HotSync. Dabei können beispielsweise Termine und Adressen auf den PDA übertragen und umgekehrt Daten vom PDA auf dem PC gesichert werden.

Die Preise: Ein einfacher PDA mit Grundfunktionen, einfarbigem Bildschirm und 8 MB Speicherplatz ist bereits zwischen etwa 70 und 100 Euro zu haben. Etwas aufwändigere PDAs mit farbigem Bildschirm, Foto-Viewer, MP3-Player, einem Erweiterungs-Steckplatz und über 16 MB Speicher kosten ab etwa 160 Euro. Wer einen Word- und Excel-kompatiblen Multimedia-PDA mit Foto-und Video-Funktion und 32 MB Speicherplatz haben möchte, muss mit Preisen von etwa 270 Euro rechnen, inkl. einem integrierten GPS-Navigationssystem mit ca. 320 Euro.

Zeitplanung am Computer (Software)

Lotus, Task Timer, K2000, SF Termin, Rainlendar ... Das Angebot an Computer-Software zur Zeitplanung ist groß. Zu allen Programmen gibt es im Internet Informationen, die bei der Auswahl helfen. Eine gute Organizer-Software sollte folgende Funktionen haben:

- Eine einfach handhabbare Adressenliste, die auf einen Blick alle wichtigen Daten nach Kategorien sortiert bereit hält und einfach abzuändern ist.
- Das Umordnen der Aufgaben, so dass Prioritäten oder Kategorien (z.B. »wichtig«, »weniger wichtig«, »nicht wichtig« usw. immer wieder neu definiert werden können.
- Das Wechseln zwischen Tages-, Wochen- und Monatsansichten, ohne dass die Daten dabei mehrfach eingetragen werden müssen.
- Termin-Erinnerungen durch optische / akustische Signale.
- Spezielle Markierungen, beispielsweise durch unterschiedliche Farben oder Schrifttypen.
- Direkt-Verbindungen zu anderen PC-Funktionen, z. B. Tabellenkalkulation und Textverarbeitung.

Software zum Herunterladen gibt es von mehreren Anbietern, zum Beispiel von www.pics-software.de: Für 13 Euro erhalten Sie hier einen übersichtlichen und gut handhabbaren Terminplaner. Aber auch für rund 10 Euro gibt es schon brauchbare Software (z.B. SF Termin). CD-ROMs, z.B. von Lotus, sind für rund 20 Euro im Handel.

Zeitplanung per Internet

Auch das weltweite Web hält Möglichkeiten zur Zeit- und Terminplanung bereit. So bietet etwa t-online einen Kalender an, in dem Sie Ihre Daten, Listen und Termine abspeichern können. Alle Anbieter solcher Internet-Datenbanken behaupten, dass die Daten absolut sicher sind und nicht von Dritten eingesehen werden können.

Beispiel »WebOrganizer«: Bis zu 200 Termine und 100 Links können Sie auf der Seite www.weborganizer.sowas.com kostenlos verwalten, für mehr Daten fallen bis zu 29 Euro jährlich an.

Einen sehr einfachen Familienplaner mit einer Wochenübersicht, in der Termine für Vater, Mutter und zwei Kinder notiert werden können, finden Sie unter der Adresse www.babywunder.de/tipps/erziehung/familienleben/familienplaner.htm.

Auf einen Blick

1. ***Nehmen Sie sich für die Planung des nächsten Tages am Abend zuvor ein paar Minuten Zeit. Im Schlaf sortiert Ihr Unterbewusstsein die Termine und Aufgaben.***
2. ***Probieren Sie aus, welches Planungsmittel für Sie am nützlichsten ist: Terminbuch oder -kalender aus Papier, elektronische Organizer, Computer-Software oder das Internet.***
3. ***Wählen Sie für den Anfang eine kostengünstige Variante. Wer gerade ins schriftliche Zeitmanagement einsteigt, braucht keinen teuren Manager-Terminplaner oder einen elektronischen Organizer mit grandiosem Zubehör.***

Elektronische Organizer: Pro und Contra

Ein Interview mit Peter Knaak, Redakteur bei der Zeitschrift »test«

? Was kann ein Organizer, was ein Notizbuch nicht kann?

- Er klingelt rechtzeitig vorher, erinnert mich dadurch an Termine und zeigt mir dazu gleich Notizen, wie Was muss ich vorbereiten, mitbringen, wer erwartet mich, usw.
- Die Übersicht zwischen Tag, Woche und Monat ist schnell gewechselt – das gewährt optimalen Überblick über meine Zeitsituation.
- Folgetermine, wie Geburtstage, Skatabende, Messen u. Ä., lassen sich besonders einfach eingeben (einmal notieren, Wiederholung festlegen).
- Er führt Aufgabenlisten nach von mir vorgegebenen Dringlichkeitsstufen, die ich jederzeit ändern kann, z. B. ein neuer Termin oder eine andere Dringlichkeit.

? Welche Formen von Betriebssystemen gibt es? Worin unterscheiden sie sich?

Grob gesehen teilt sich das Angebot in zwei Bereiche auf: Geräte mit dem Betriebssystem Palm und solche mit Windows CE (Pocket PC). Palm läuft länger und schneller (effizienteres Betriebssystem). Beim Austausch mit Outlook, Word, Excel & Co. gibt es keine Unterschiede, das klappt immer. Es zeichnet sich jedoch ein kleiner Vorteil bei den Zusatzprogrammen für die Windows-Variante ab.

? Über welche Funktionen sollte ein Organizer in Bezug auf Zeitmanagement verfügen?

Über die wichtigen Grundfunktionen – Termine, Aufgaben, Kontakte verwalten – verfügen alle. Datensicherung – möglich ist sie immer, nur ist der Anwender gefragt, sie auch durchzuführen. Viele Organizer haben keine Pufferbatterie für den Datenerhalt bei leerem Akku. Da gehen schnell mal Daten verloren.

? Auf welche Funktionen kann man beim Zeitmanagement eher verzichten?

- Auf Schnittstellen für Erweiterungskarten oder Erweiterungsmodule,
- z. B. für die Satellitennavigation via GPS.
- auf die Kommunikation mittels W-LAN und Bluetooth.*

- Eine reine Geschmacksfrage ist die eingebaute Kamera. Mehr als Spielzeug sind diese Kameras ohnehin nicht. Gleiches gilt für integrierte mp3- und Videoplayer. Kann alles per Software gelöst werden – nur saugen diese Spaßanwendungen Saft aus dem Akku, der später vielleicht fehlt.

? Wie viel muss ich bezahlen?
Schon unter 100 Euro sind brauchbare Geräte zu haben. Mehr Geld auszugeben bringt: Bessere Displays, d. h. heller und feiner aufgelöst, mehr Erweiterungsmöglichkeiten (z. B. Schnittstellen für Erweiterungskarten), mehr Kommunikationsmöglichkeiten (Bluetooth, W-LAN).

? Welche Organizer sind für »Anfänger« besonders geeignet?
Alle, die preiswert sind und auf Schnickschnack verzichten. Mit ihnen kann man ausprobieren, ob teure Funktionen tatsächlich fehlen. Finanziell schmerzt es dann auch nicht so sehr, wenn der Versuch, sich elektronisch zu organisieren, daneben geht.

? Gibt es Organizer, die speziell für ältere Menschen brauchbar sind?
Nein. Spiegelnde Displays mit kleiner Schrift sind leider üblich. Bei Einsteigergeräten, egal ob mit einem Graustufen- oder Farbdisplay, mangelt es am Kontrast und damit an der Erkennbarkeit von Bildschirmsymbolen.

? Womit überzeugt das klassische Zeitplanbuch?

- Ein in Leder gebundenes Zeitplanbuch schmeichelt Hand und Auge nicht nur des Nutzers.
- Es kann zwar verloren gehen, aber Systemabstürze und Datenverlust kennt es nicht.
- Und: Man kann so groß schreiben, wie die Augen es brauchen.

** Anm. d. Hrsg.:*
Bluetooth ist eine bis zu 100 Meter weit reichende kabellose Verbindung verschiedener Geräte, zum Beispiel zwischen Computer, Organizer, Handy und Drucker.

W-Lan ist eine Funktion, die das Einwählen in räumlich begrenzte Netzwerke ermöglicht. In Zügen und Flugzeugen beispielsweise kommt man damit drahtlos ins Internet.

8

Geteilte Pflichten sind halbe Pflichten

Nach wie vor ist Hausarbeit Frauensache, auch wenn neun von zehn Männern sich für eine gerechtere Aufteilung aussprechen, unter anderem, weil sie sich davon mehr Freizeit für die Familie erhoffen.

Nach einer Zeitbudget-Studie des Statistischen Bundesamtes sind es noch immer vorwiegend die Frauen, die sich für Haushalt und Familie engagieren. Zwar sind mittlerweile 61 Prozent der Frauen erwerbstätig (zu Beginn der 90er Jahre waren es noch 40 Prozent), ihr Einsatz zu Hause hat sich aber kaum verringert. Und entsprechend ist auch das Engagement der Väter für Haushalt und Familie seit mehr als zehn Jahren gleich geblieben.

In seinem »Datenreport 2004« vergleicht das Statistische Bundesamt den durchschnittlichen Zeitaufwand für Hausarbeit von Männern und Frauen:

- Danach arbeiten berufstätige Männer pro Tag durchschnittlich 1,53 Stunden für Haushalt und Familie, berufstätige Frauen leisten täglich 2,42 Stunden Familienarbeit.
- Nicht erwerbstätige Männer sind 4 Stunden täglich für die Familie da, nicht erwerbstätige Frauen 5,51 Stunden.
- Am Wochenende besinnen sich die Männer zwar mehr auf ihre häuslichen Pflichten, doch der Zeitaufwand ist gerade mal so hoch wie der voll erwerbstätiger Frauen an Werktagen. Allerdings meinen rund 25 Prozent der Männer, dass sie zu viel Zeit für die Erwerbstätigkeit opfern.

Erst im Rentenalter werden die Aufgaben partnerschaftlich geteilt.

Hilfe vom Partner

Die klassische Rollenverteilung mag noch immer – bewusst oder unbewusst – das Denken der Männer beeinflussen: Sie sehen das Haushalt als ureigene Domäne der Frau und die Beziehung zwischen Mutter und Kind als symbiotische Konstellation, in die sie nicht eindringen mögen; diese Einstellung und ihr Nicht-Verhalten hindern sie an Partnerschaftlichkeit. Ein anderes Hindernis mag darin liegen, dass etliche Frauen Haushalt und Kinder als ihr Terrain betrachten und gar nicht abgeben mögen von den Aufgaben, die sie einerseits stark fordern, aus denen sie aber auch Anerkennung und Genugtuung ziehen. Ein Hausmann berichtet: »Wenn meine Frau nach der Arbeit nach Hause kommt, inspiziert sie immer heimlich und in der Annahme, ich würde es nicht merken, den Zustand von Bad und Küche und sieht nach, ob die Wäsche ordentlich zusammen gelegt wurde. Grässlich!« Dies ist kein Einzelfall. Ist es ein Wunder, dass Männer dann schnell ein Argument haben, sich in Haushalt und Kindererziehung nicht zu engagieren?

Verantwortung zu teilen ist also wichtig. Nicht nur mal eben zu delegieren – »Bring doch mal bitte den Müll runter« –, sondern Bereiche loszulassen und sie dem Partner zu übertragen. Wie sehr man tatsächlich abgeben und teilen kann, hängt natürlich von den Gegebenheiten ab: Einem Mann, der abends müde von der Arbeit nach Hause kommt, wird nicht noch der halbe Haushalt zugemutet (einer Frau hingegen schon). Aber etwas geht immer: den Kindern das Abendbrot machen, ihnen die Gute-Nacht-Geschichte vorlesen, die Spülmaschine ausräumen. Maßgeblich ist nicht die einzelne Aufgabe, sondern die Einstellung, die Selbstverständlichkeit, mit der sich beide gemeinsam für den Haushalt zuständig fühlen. Wichtig ist auch gegenseitige Anerkennung dessen, was der andere für die Familie tut. In Zeitmanagement-Seminaren wird immer wieder deutlich, dass die Frauen ihre Arbeit im Haushalt selbst wenig würdigen. Doch heute ist anerkannt: Wer einen Haushalt führt, erwirbt Kompetenzen, die im Erwerbsleben hoch geschätzt werden und bei einem Wiedereinstieg in den Beruf von Nutzen sind: die Fähigkeit zu organisieren, soziale Kompetenz, emotionale Intelligenz und Flexibilität.

Ganz haushalts-ungewohnten Partnern wird vielleicht in der Anfangszeit etwas daneben gehen. Sie werden die Wäsche verfärben oder Scheuerspuren auf der beschichteten Pfanne hinterlassen. Das ist Lehrgeld, aber kein Grund, sich unnachsichtig zu ärgern. »Wer einen Computer bedienen und Auto fahren kann, der kann auch lernen, im Haushalt mit anzupacken«, meint Marion Gottlob in ihrem Artikel »So überlisten Sie Haushaltsmuffel« (»Das Beste« 3/2000). Den Satz »Das kann ich nicht« sollten Sie als Ausrede nicht gelten lassen. Auch Frauen mussten das alles schließlich lernen, meist ohne zuvor einen Hauswirtschafts-Kurs absolviert zu haben. Falls Ihr Partner anhaltend darüber klagt, keine Zeit für seine Familie zu haben, hat er vielleicht Probleme, sein Arbeitsleben geschickt zu organisieren. In diesem Fall ist ein Kurs zum Thema Zeitmanagement oder ein entsprechendes Buch hilfreich (››› Weiterführende Literatur, Seite 121).

Untersuchungen zeigen, dass bei Frauen, die sich im Haushalt von ihrem Partner im Stich gelassen fühlen, die Zufriedenheit mit der Partnerschaft generell abnimmt. Bei Männern hingegen steigt mit zunehmenden Engagement im Haushalt die Zufriedenheit mit der Partnerschaft an.
Fazit: Ein gleichwertiges Engagement stützt und stärkt die Beziehung.

Wie die Frau hat natürlich auch der Partner einen Anspruch auf Erholung und ausreichend freie, unverplante Zeit. Zu einer glücklichen Familie gehören Partner, von denen sich keine und keiner ausgebeutet fühlen muss.

Mithilfe der Kinder

Und die Kinder? Wenn sie klein sind, gibt es für sie nichts Schöneres, als helfen zu dürfen. Ganz ernsthaft verrichten sie die kleinen Aufgaben, die ihnen zugetraut werden. »Bring mir mal bitte die Schüssel« – und das Kind läuft in die Küche, holt die Schüssel, bringt sie und freut sich über das »Danke, das hast du gut gemacht«. Es erfordert ein bisschen Gespür, welches Mittun für die jeweilige Entwicklungsstufe des Kindes angebracht ist. Beobachten Sie, was Ihr Kind schon alles kann, und erweitern Sie ständig ein wenig seine Mitarbeit.

Mithilfe durch Kleinkinder

Kleinkinder können zum Beispiel schon

- manche Dinge holen und wegbringen,
- beim Tischdecken und -abräumen helfen,
- sich anziehen,
- ihre Spielsachen in eine Kiste räumen,
- beim Backen die Zutaten in die Schüssel schütten,
- im Garten säen und pflanzen.

Versuchen Sie, die Freude der Kinder am Helfen zu bewahren, ermutigen, loben Sie sie. Vermeiden Sie auf jeden Fall den Satz »Das kannst du noch nicht«. Besser sagen Sie: »Das machen wir zusammen«. Und Sie sollten dem Kind möglichst nichts abnehmen, was es schon tun könnte und auch möchte, nur weil es schneller geht, wenn Sie es selbst erledigen. Denn Sie wollen das Kind doch ermuntern, immer geschickter und selbstständiger zu werden und ihm nicht die Freude daran nehmen. Kinder, die es gewohnt sind, den Eltern zur Hand zu gehen, wachsen in ihre Aufgaben spielerisch und wie von selbst hinein. Die Kinder erst später, wenn sie »groß und vernünftig genug« sind, zur Mithilfe im Haushalt bewegen zu wollen, artet eher in echte Arbeit aus, und manchmal klappt es gar nicht.

Die Küche ist für viele Kleinkinder übrigens der schönste Spiel-Platz. Mit Wonne befüllen sie Töpfe, räumen Schränke aus, machen Musik mit Kochlöffel und Topf. Der Spielplatz Küche hat zwei große Vorteile: Sie haben Ihr Kind im Blick und müssen nicht ständig ins Kinderzimmer laufen, um nachzusehen, ob alles in Ordnung ist, und Ihr Kind kann bei Ihnen sein, fühlt sich nicht abgeschoben. Wichtig ist, dass die Küche kindersicher ist: Räumen Sie alles, mit dem sich Kinder verletzen könnten, in die höher gelegenen Schränke.

Mithilfe durch Kinder ab 6

Im Grundschulalter zeigt sich, ob das Kind spielerisch ans Mithelfen gewöhnt wurde. Es erst jetzt dazu anzuhalten, gerät deshalb mühsamer, weil es durch die Schule und die neuen Umstände gefordert ist. Es wäre viel für das Kind, wenn es erst jetzt plötzlich im Haushalt mithelfen müsste, nur weil es nun »groß« genug dafür ist. Ist es Mithilfe allerdings schon gewohnt und hat es positive Erfahrungen damit machen dürfen, wird es das problemlos beibehalten und mit der Zeit erweitern können. Man kann ihm unter anderem zumuten:

- sein Zimmer aufzuräumen, sein Bett zu machen,
- das Waschbecken zu putzen,
- kleine Einkäufe zu erledigen,
- Geschirr zu spülen und abzutrocknen/die Spülmaschine ein- und auszuräumen,
- Staub zu saugen,
- sein Kaninchen zu füttern und den Stall sauber zu machen,
- den Tisch zu decken und abzuräumen,
- einen Pudding anzurühren.

Achten Sie darauf, dass Sie dem Kind nicht nur Aufgaben übertragen, die es gern und leicht erledigt. Es dürfen auch Arbeiten darunter sein, die ihm nicht so gut gefallen. Auch in lästigen aber nötigen Tätigkeiten Routine zu entwickeln ist ein gutes Rüstzeug fürs spätere Leben.

Älteren Kindern, etwa ab zwölf Jahren, können Sie schon ganze Verantwortungsbereiche zumuten. Sie können z. B.

Mithilfe durch Kinder ab 12

- für das Frühstück zuständig sein,
- eine einfache Mahlzeit zubereiten,
- die Wäsche waschen und bügeln,
- die Betten beziehen,
- Einkäufe erledigen.

Was Ihr Kind wann leisten kann, finden Sie durch Beobachten heraus. Kinder entwickeln sich unterschiedlich, und ein starres Schema wäre wenig hilfreich. Sie kennen Ihr Kind am besten und wissen, ob es Tätigkeiten gibt, mit denen es einfach noch nicht zurecht kommt. Einem motorisch ungeschickten Kind das Knöpfe-Annähen zu übertragen und es damit grenzenlos zu überfordern wäre pädagogisch indiskutabel. Einem Kind, das eine Aufgabe schon gut übernehmen kann, sollten Sie das allerdings auch zutrauen und freundlich-bestimmt dafür sorgen, dass es sie erledigt. Für Sie selbst und auch für das Kind zahlt sich das mit der Zeit aus.

Sollten Kinder für ihre Mithilfe belohnt werden?

Soll man Kinder für die Mithilfe im Haushalt belohnen? Darüber gehen die Ansichten auseinander. Einige Eltern meinen, ein paar Euro für die gute Schulnote oder eine geleistete Hilfe könnten das Kind motivieren und anspornen. Andere befürchten, dass das Kind so lernt, nur noch gegen Bargeld etwas zu tun und dass ihm die innere Motivation so abhanden kommen könnte. Dies ist nicht von der Hand zu weisen: Wer sein Kind daran gewöhnt, für jeden Handschlag bezahlt zu werden, wird bald bei jeder Bitte die Frage »Was bekomme ich dafür?« hören.

Nichts spricht jedoch dagegen, sich beim Kind mit Geld, einer neuen CD oder einem Kinobesuch zu bedanken, wenn es etwas Herausragendes geleistet hat, etwa einen Nachmittag lang den kleinen Bruder betreute, damit die Mutter ungestört einen Stadtbummel machen konnte.

Womit Sie nicht knausern sollten, ist Dank. Sie selbst freuen sich ja auch, wenn die anderen Ihre Arbeit wahrnehmen und nicht als selbstverständlich abtun. Ein »Danke« zeigt, dass Sie die geleistete Unterstützung anerkennen, auch wenn die Mitwirkung Ihrer Kinder etwas ganz Natürliches ist, das sie selbstständig werden lässt.

Wir sprechen heute von der »Wohlstandsverwahrlosung«: Kinder, die mit Spielzeug zugeschüttet und vor dem Fernseher »geparkt« werden, haben wenig Chancen, in ein selbst bestimmtes Leben hineinzuwachsen. Die Kindheit ist keine Warteschleife fürs Erwachsenenleben, sondern die Vorbereitung darauf. Ein Kind, das in seine Familie eingebunden ist, dort lernt, Verantwortung zu übernehmen und etwas für die Gemeinschaft beizutragen, wird ein solides Selbstwertgefühl entwickeln können.

Viele Vorteile bringt es also mit sich, wenn alle mit anpacken:

- In der Familie entsteht Teamgeist, das Verständnis füreinander wächst.
- Der Haushalt wird transparent, ist für alle einsehbar und verständlich.
- Niemand wird überlastet oder muss sich so fühlen.
- Kinder werden selbstständig und leichter unabhängig.
- In Notsituationen bricht nicht alles zusammen, weil alle mit den Abläufen vertraut sind und einspringen können.
- Beim gemeinsamen Tun können Sie sich unterhalten, austauschen, Probleme besprechen.

So klappt das Teamwork

- Treffen Sie klare Verabredungen und legen Sie die Zuständigkeiten eindeutig fest. Sonst verlässt sich einer auf den anderen, und genau das möchten Sie ja vermeiden.
- Verteilen Sie die Aufgaben zunächst nach Neigung und Können der Familienmitglieder. Bei allseits unbeliebten Aufgaben kommt jeder mal dran. Nach einer Weile werden Sie feststellen, ob dieses Verfahren gut funktioniert oder verfeinerungswürdig ist.
- Übersehen Sie kleine Missgeschicke; nur Erfahrung macht klüger und Übung geschickter. Und schrauben Sie überzogene Ansprüche hinsichtlich Sauberkeit und Ordnung zurück.
- Nehmen Sie sich genug Zeit, Ihre Kinder anzulernen, zum Beispiel indem Sie leicht verständliche Bedienungsanleitungen für die elektrischen Geräte schreiben.
- Vermeiden Sie es, in die Rolle des Kontrolleurs zu schlüpfen, der die Arbeiten pedantisch begutachtet und das Ergebnis kritisiert.
- Führen Sie Vertretungsregeln ein für den Fall, dass ein Familienmitglied seine Aufgabe nicht leisten kann. Der »Ersatzmann« bei Ausfällen müssen nicht Sie sein.
- Auch hier ist das gelebte Vorbild wichtig – von beiden Eltern!

Hilfe durch Dritte

Wenn der Arbeitsaufwand innerhalb der Familie nicht zufriedenstellend aufgeteilt werden kann, vielleicht weil die Kinder noch zu klein sind und der Partner beruflich zu sehr eingespannt ist, können Sie sich überlegen, wo Sie sich außerhalb der Familie Unterstützung holen.

Bei guten nachbarschaftlichen Kontakten könnte das wechselseitige Kinderbetreuung sein oder abwechselndes Kochen. Sie können auch gemeinsam eine Kinderfrau engagieren. Nachbarschaftshilfe ist die unkomplizierteste und kostengünstigste Lösung, vorausgesetzt, der nachbarschaftliche Kontakt ist stabil, bietet Verlässlichkeit und wird nicht überstrapaziert .

Professionelle Hilfsangebote für den Haushalt und/oder die Kinderbetreuung sind nicht ganz billig, aber sie sollten Ihnen das Geld wert sein, wenn Sie merken, dass Sie Unterstützung brauchen. Das könnten sein:

- Putzfrau/Fensterputzer
- Haushaltshilfe
- Babysitter
- Kinderfrau/Au pair/Tagesmutter
  (››› Adressen, Seite 123).

Natürlich haben Sie auch die Möglichkeit, sich mal zwischendurch einen Teil der Arbeit vom Hals zu halten, etwa indem Sie den Wäscheberg zur Wäscherei geben oder sich das Essen beim Bringdienst bestellen. Das ist keine Dauerlösung, aber bei Engpässen eine Entlastung.

Hilfe durch Dritte – dazu gehört auch das Einspannen der Großeltern, Verwandten, Freunde. Wenn Sie deren Hilfsangebote nicht überstrapazieren, sind sie ein sicheres Netz. Können Sie schlecht über Ihren Schatten springen und sagen: »Hilf mir bitte«? Haben Sie vielleicht Angst, dass Ihr Kind bei der Großeltern oder in der befreundeten Familie anders behandelt wird als Sie sich das wünschen? Keine Sorge: Kinder sind flexibel. Sie akzeptieren es durchaus, wenn sie bei der Oma Dinge dürfen, die bei Ihnen nicht gern gesehen sind und umgekehrt. Das untergräbt noch lange nicht Ihre Erziehungsziele.

Testen Sie Ihre Familie – wer macht was?

Um sich selbst und den anderen Familienmitgliedern deutlich zu machen, wie die Arbeit in Ihrem Haushalt verteilt ist, können Sie einen kleinen Test vorbereiten. Jedes Familienmitglied erhält einen Bogen Papier, auf dem alle Aufgaben aufgelistet sind:

- Wer verdient das meiste Geld in der Familie?
- Wer macht sauber?
- Wer kocht?
- Wer spült?
- Wer kauft meistens ein?
- Wer bezahlt die Rechnungen?
- Wer bringt das Auto in die Werkstatt?
- Wer bereitet den Kindergeburtstag vor?
- Wer füttert Hund oder Katze?
- Wer benutzt das Auto hauptsächlich?
- Wer kümmert sich wann um den Garten?
- Wer stellt den Mülleimer raus?
- Wer macht was für die anderen mit und was nur für sich?

Jedes Familienmitglied füllt den Bogen aus, anschließend sprechen Sie miteinander über das Ergebnis. Ein solcher Test ist ein guter Einstieg in ein grundsätzliches Gespräch über die Arbeitsaufteilung in der Familie und zeigt zum einen die Rollenverteilung zwischen Mann und Frau, zum andern auch die Aufgaben, die ein jeder für die Familie leistet.

Wenn hinter den meisten Aufgaben immer derselbe Name steht, beeindruckt das wesentlich mehr, als wenn Ihre Lieben immer wieder zu hören bekommen »Alles muss ich allein machen ...«.

Natürlich sollten die Kinder für einen solchen Test schon in einem Alter sein, in dem sie einen Teil der Arbeit gleichberechtigt übernehmen können.

Sie können den Test auch für sich allein durchführen, um schwarz auf weiß zu vor Augen zu haben, wie es mit der Aufgabenverteilung in Ihrer Familie bestellt ist. Diese Art der Selbstwahrnehmung bestärkt Sie vielleicht in Ihrer Absicht, für Veränderungen zu sorgen. Es schadet nicht, diesen Überblick in größeren Zeitabständen zu wiederholen.

Auf einen Blick

1. ***Fühlen Sie sich nicht allein für den reibungslosen Ablauf der Hausarbeit zuständig. Geben Sie Verantwortung auch an Ihren Partner und die Kinder ab.***
2. ***Scheuen Sie sich nicht davor, Hilfe von Dritten anzunehmen: Freunde, Verwandte, Nachbarn, professionelle Stellen.***

»Ich war erstaunt, wie rasch sich Dinge ändern lassen«

Ein Gespräch mit Christel Kabitzke, Psychotherapeutin für Kinder und Jugendliche und Mutter von vier Kindern.

? Sie selbst sind berufstätige Mutter. Wie bewältigen Sie persönlich Ihren Alltag?
Zu dem Zeitpunkt, an dem mir klar wurde, dass ich die gesamte Arbeit nicht mehr allein schaffen kann und will, habe ich allen Familienmitgliedern deutlich gemacht, dass meine zunehmend schlechter werdende Laune sehr mit meiner Überlastung zu tun hat. Im Familienrat, an dem alle beteiligt waren, habe ich meine Wünsche nach gerechter Arbeitsaufteilung unmissverständlich geäußert. Ganz erstaunte Gesichter schauten mich an. Aber meine Darstellungen müssen wohl erstmals richtig klar gewesen sein. Offenbar war bei allen angekommen: Diesmal ist es ernst. Ich bat dann alle zu überlegen, welche Aufgabe sich ein jeder vorstellen kann und wie viel Zeit jeder aufbringen kann, um den großen Haushalt aufrecht zu erhalten. Wichtig war mir, niemandem etwas vorzuschreiben, sondern jeden zu überzeugen und selbst mitentscheiden zu lassen. Es kamen erstaunlich viele brauchbare Vorschläge, jeder traute sich etwas zu und zeigte sich bereit, eine Aufgabe zu übernehmen.

? Wie haben Sie die Arbeitsteilung dann realisiert?
Es wurde ein Wochen-Arbeitsplan erstellt und für jeden sichtbar aufgehängt. So konnte der erste Versuch zu meiner Arbeitsentlastung beginnen. Ferner legten wir eine Probezeit fest und einen regelmäßigen Familienbesprechungstag. Ich war erstaunt, wie rasch sich doch Dinge ändern lassen. Wichtig erschien mir bei dieser Erfahrung: Es ist entscheidend, den anderen deutlich zu machen, wie die Bedürfnisse wirklich sind, und nicht durch ewige Meckerei auf Änderung zu hoffen.

? Wie kann eine Frau die eigenen Widerstände »Mein Mann bringt das Geld nach Hause«, »Die Kinder sind so ausgelastet mit Schule und diversen Terminen« entkräften?
Es ist wichtig, genau hinzusehen, wie sehr der einzelne belastet ist. Außerdem hilft es sehr, im gemeinsamen Gespräch die Bedürfnisse und Möglichkeiten der einzelnen zu klären. So fühlt sich jeder angesprochen, mit einbezogen in das familiäre Geschehen und in seiner tatsächlichen Lage beachtet. Ein jeder weiß, dass er auch einmal nein sagen kann und dann ein anderer für seine Aufgabe einspringt.

? Wie kann ich den Widerständen der anderen – Partner, Kinder – begegnen? Muss ich nicht Angst um die Harmonie in der Familie haben?

Um die Harmonie in der Familie muss ich mir keine Sorgen machen, wenn es zur Gewohnheit wird, dass ein jeder mit seinen Problemen, Konflikten, Launen und Wünschen respektiert und anerkannt wird. Dann wissen alle, dass es nach einem heftigen Streit auch wieder Harmonie geben wird. Außerdem lernt jedes Familienmitglied auf diese Weise, wie man sich durchsetzen kann.

? Wenn die anderen – Partner oder Kinder – Arbeiten übernehmen, dauert alles viel länger. Da mache ich doch lieber alles selbst...

Es ist doch selbstverständlich, dass Aufgaben, die man zum ersten Mal macht, nicht so schnell erledigt sind, wie bei jemandem, der darin geübt ist. Aber wie soll es jemand lernen, wenn er nicht die Chance dazu erhält? Ferner ist es unglücklich, einem anderen alles abzunehmen mit dem Bewusstsein: Ich kann es besser bzw. ich bin schneller. Erstens ist es dann kein Wunder, wenn alle Arbeiten an mir hängen bleiben und der andere die Bereitschaft aufgibt, die Familie zu unterstützen. Außerdem: Wie sich ein stets bevormundendes Verhalten auf die Entwicklung des Selbstbewusstseins auswirkt, weiß wohl jeder.

? In der Pubertät weigern sich viele Kinder entschieden, mal mit anzupacken. Ist der Zug in dieser Altersstufe schon abgefahren?

Haben die Kinder über viele Jahre erlebt, dass ihre Mutter alles allein macht, ist es schwierig, eine Veränderung herbeizuführen. Dennoch sollte nichts unversucht bleiben. Über die Einsicht und über das Gespräch kann der Weg zu einem neuen Bewusstsein führen. Auch und gerade für Jugendliche ist es enorm wichtig, sich verstanden zu fühlen; dann sind sie auch in der Lage, andere zu verstehen. Vorschriften und strikte Anordnungen sind sicher nicht die beste Methode um Mithilfe zu erreichen.

? Wie lässt sich die Aufgabenverteilung konsequent durchhalten?

Um eine Veränderung in der Familie zu bewirken braucht es Geduld und ein konsequentes Verhalten. Natürlich gelingt nicht alles sofort. Deshalb ist es wichtig, im gemeinsamen Austausch zu bleiben. Regelmäßige Familiengespräche sind hier sicher eine gute Methode, um an Veränderungen zu arbeiten.

9

Stress – beflügelnd und gefährlich

Um drei der Termin beim Arzt, vorher noch schnell die Hausaufgaben der Jüngsten betreut, die dringende Schreibarbeit am Computer hält die Gedanken gefangen, und da ruft auch noch die Oma an ...

An manchen Tagen möchte man sich am liebsten teilen, wenn die Anforderungen auf einmal und aus allen Richtungen kommen. Stress ist das gebräuchliche Wort für Phasen, ihn denen wir ungewöhnlich stark gefordert sind.

Nicht jeder Stress allerdings ist gefährlich. Ist die Anspannung vorübergehend, herausfordernd und seelisch nicht belastend, steht man unter »positivem Stress«, der gesundheitlich nichts anhaben kann. Eine überschaubare Aufgabe, die man unter Kontrolle hat, die zufriedenstellend lösbar ist und anschließend genügend Zeit zur Erholung lässt sind die Faktoren für diesen positiven Stress. »Negativer Stress« dagegen setzt uns zu, macht auf Dauer krank.

Was ist negativer Stress?

Beim negativen Stress ist das Gleichgewicht zwischen Aktivität und Entspannung nicht vorhanden (z. B. langwierige Prüfungsvorbereitung, längere Zeit andauernde Streitigkeiten in der Familie). Auch Arbeitsbelastungen können Dauerstress auslösen, wenn man das Gefühl hat, die Situation wird sich nicht bessern, Konflikte lassen sich nicht lösen und störende Verhaltensweisen anderer werden sich nie ändern. Oder wenn die nötige Ruhe fehlt: Werden Sie beispielsweise nach einem harten Arbeitstag sofort mit den Ansprüchen der Familie und der Hausarbeit überschüttet, baut der Körper sofort weitere Spannung auf, solange das Signal »Entspannen« fehlt.

Die Ärztin, Fernsehmoderatorin und Stress-Expertin Dr. Sabine Schonert-Hirz meint: »In welchen Situationen jemand den Stress als positiv oder negativ erlebt, hängt überwiegend von ihm selbst ab. Ist er unausgeschlafen, schlecht gelaunt oder krank, wird er sich insgesamt nicht wohl fühlen und jede Belastung schnell als negativen Stress erleben. Während jemand anderes, dem es gerade sehr gut geht, recht lange voll leistungsbereit bleibt.«

Negativen Stress können Sie an vielfältigen Anzeichen erkennen. Die körperliche Anzeichen sind z. B.:

- Muskelverspannungen mit Schmerzen und Durchblutungsstörungen
- eventuell Kopfschmerzen
- Bluthochdruck, beschleunigter Herzschlag
- Herzrhythmusstörungen
- erhöhter Blutfett- und Blutzuckerspiegel
- nervöses Überatmen (Hyperventilation)
- schnelle Erschöpfbarkeit
- Schlafstörungen
- wiederholte oder chronische Infektionen (vor allem Erkältungskrankheiten).

Psychische Anzeichen sind z. B.:

- Konzentrations-, Gedächtnis- und Verständnisstörungen
- alles wird als »Angriff« verstanden und entsprechend kämpferisch beantwortet
- Mutlosigkeit, Desinteresse oder Gereiztheit
- Das Sich-Verzetteln, die Unfähigkeit, wichtige Dinge in Angriff zu nehmen.

So schützen Sie sich langfristig vor Stress

Treiben Sie mäßig, und regelmäßig Ausdauersport. Zwei bis dreimal wöchentlich 30 bis 60 Minuten sind günstiger als einmal intensiv zwei Stunden. Achten Sie darauf, dass Sie sich dabei nicht völlig verausgaben. Ausdauersport stärkt Herz und Kreislauf, baut negativen Stress und seine Begleiterscheinungen, wie Spannungen, Bluthochdruck, hohe Cholesterin- und Blutzuckerwerte, ab.

Um gelassener zu werden, helfen auch Entspannungsübungen. Konzentrieren Sie sich im Laufe des Tages immer wieder auf eine Sache, die für Sie mit angenehmen Gefühlen oder Empfindungen verbunden ist (z. B. lassen Sie bewusst den ganzen Körper locker. Oder strecken Sie sich, greifen Sie »nach den Sternen«. Oder versuchen Sie sich an das Gefühl zu erinnern, das Sie haben, wenn Sie lächeln, freuen Sie sich auf etwas). Sie schalten dadurch innerlich auf »positiv«. Damit sinkt die Spannung.

Für negativen Stress sorgen Sie bei Ihrer Arbeit wenn Sie

- planlos handeln (z. B. einkaufen gehen, ohne sich vorher überlegt zu haben, was Sie brauchen),
- unkonzentriert und unrationell arbeiten,
- die Aufgaben nicht guten Gewissens verteilt haben,
- bestimmte kleine Aufgaben an ständig wechselnden Arbeitsplätzen verrichten,
- sich bei Ihrer Arbeit häufig unterbrechen lassen,
- sich keine Erholungspausen gönnen,
- aus Platzmangel improvisieren müssen (z. B. beim Bügeln oder Nähen).

So vermeiden Sie negativen Stress

Sie können diese genannten Punkte in positiven Stress umwandeln, indem Sie

- Ihre Arbeit so genau wie möglich planen, möglichst schriftlich,
- konzentriert bei der Sache bleiben,
- sich für Aufgaben, die Sie delegiert haben, nicht verantwortlich fühlen,
- Tätigkeiten, die an einem Arbeitsplatz verrichtet werden können, bündeln,
- dafür sorgen, dass Sie nicht ständig abgelenkt oder unterbrochen werden,
- sich nach einer anstrengenden Tätigkeit Ruhe gönnen, um wieder »aufzutanken«,
- dafür sorgen, dass Sie genug Platz haben.

Stress ist vor allem ein mentales Problem. Durch Ihre innere Einstellung programmieren Sie sich. Eine Arbeit, auf die Sie sich freuen und die Sie gern erledigen, wird Ihnen keinen negativen Stress bescheren, sondern das Gefühl, sie gut bewältigen zu können. Diese Arbeit wird dann auch leichter und schneller von der Hand gehen. Und wenn etwas nur Unangenehmes ansteht, dann hilft es Ihnen vielleicht, wenn Sie sich eine Belohnung in Aussicht stellen und sich die dann auch gönnen.

Tipps gegen akuten Stress

- Atmen Sie bewusst gründlich aus. Stellen Sie sich vor, wie Sie mit der Luft auch den angestauten Druck abgeben.
- Verschaffen Sie sich Bewegung. Ein paar Treppen im Laufschritt, eine Runde um den Block, einen Flur zügig entlang gehen. Dabei Schultern, Gesicht und Becken locker lassen und tief durchatmen.
- Trinken Sie zügig ein ganzes Glas Wasser. Durch das verstärkte Schlucken lässt die Spannung nach.
- Lassen Sie kaltes Wasser für eine Minute über die Pulsadern laufen, waschen Sie sich das Gesicht kalt ab, oder nehmen Sie ein kaltes Getränk zu sich.
- Verlassen Sie für kurze Zeit das Haus, und schauen Sie so viel wie möglich ins Licht (aktiviert das Gehirn).
- Spannen Sie die gesamte bewusst erreichbare Muskulatur fest an und lassen wieder locker. Sie geben damit dem Gehirn »Weckreize«.
- Aktivieren Sie Ihren Kreislauf durch Fußgymnastik (Füße bei ausgestreckten Beinen mit viel Spannung strecken, kreisen und beugen) oder ziehen Sie wenigstens die Zehen im Schuh ganz fest zusammen.
- Sagen Sie zu sich selbst innerlich in strengem Ton STOPP! Denken Sie bewusst an etwas anderes, möglichst etwas Positives: Wie könnte ich aus der Situation bei allem Ärger das Beste machen? Wie schön wird es sein, wenn das hier endlich vorbei ist! Diese rein gedankliche (mentale) Stressbewältigung braucht etwas Übung, um sie im konkreten (Not-)Fall parat zu haben. Und sie funktioniert noch besser, wenn Bewegung hinzukommt.
- Fragen Sie sich: »Was könnte mir passieren, wenn ich die Aufgabe jetzt nicht erledige?« Es gibt kaum Dinge, die um Kopf und Kragen bringen, wenn sie eine Weile lang unerledigt bleiben.

Stress ist unzeitgemäß

Gehören Sie zu denen, für die nur Arbeit, die unter Zeitdruck und Stress geleistet wird, etwas wert ist? Und fühlen Sie sich geneigt, auch herumwirbelnd tätig zu sein, weil Ihnen das ein sicheres Gefühl gibt, gebraucht zu werden? Diese Art von Stress ist nicht mehr zeitgemäß. Auch Manager nehmen heute Dampf und Druck aus ihrer Arbeit. Denn man weiß: Ein ausgeglichener und ausgeruhter Mensch arbeitet letztlich viel effizienter als ein gehetzter, der ständig am Rande eines Zusammenbruchs agiert.

Stress ist kein Statussymbol mehr. Der aktuelle Trend heißt: Konzentration auf Wichtiges, die Kräfte einteilen, sich regenerieren, kreatives Potenzial und den Lustfaktor entdecken. Das Trend Research Institute in New York hat schon vor mehr als zehn Jahren den Begriff des »Down shifting« geprägt – das »Sich-Herunterfahren«. Es bedeutet: Genug Zeit haben für sich selbst, sich von überflüssigem Ballast befreien, zügiges Erledigen von Aufgaben ohne ständigen Perfektionsanspruch, souverän mit der Zeit umgehen.

Auf einen Blick

1. ***Versuchen Sie, negativen Stress in positive Energie umzuwandeln, indem Sie sich entsprechend »programmieren«.***
2. ***Erholen Sie sich nach Stress-Phasen, etwa durch Bewegung oder bewusste Entspannung.***
3. ***Machen Sie sich klar, dass Stress nichts Positives ist, weder für Sie selbst noch für Ihre Familie.***
4. ***Verabschieden Sie sich von dem Gedanken, perfekt sein zu müssen.***

10-Punkte-Programm zur Entlastung

Die wichtigsten Maßnahmen, die Ihnen den Alltag erleichtern, Zeit und Kräfte ersparen helfen und Ihnen mehr freie Zeit schenken können, finden Sie im Folgenden zusammengefasst.
Lesen Sie sich die Punkte unseres Entlastungsprogramms durch, haken Sie die ab, die Sie schon praktizieren, überlegen Sie, welche Sie umsetzen wollen und können. Und ergänzen Sie diese um Ihre eigenen Vorsätze. Auch wenn Sie der Meinung sind, dass Sie vorerst nur einen oder zwei der genannten Vorschläge in die Tat umsetzen können: Tun Sie es. Es bringt Sie immer weiter – nicht nur für Ihren Haushalt, auch für Sie persönlich und Ihre weiteren Lebensbereiche.

1. Prioritäten setzen
Was ist Ihnen am wichtigsten, was folgt an zweiter, an dritter Stelle? Das könnten z. B. sein: 1. Familie, 2. Beruf, 3. Haushalt oder 1. Beruf, 2. Haushalt, 3. Hobby. Wenn Sie Klarheit darüber haben, welcher Bereich für Sie an erster Stelle steht, müssen Sie kein schlechtes Gewissen haben, wenn Sie den anderen Bereichen nicht immer gerecht werden. (››› »Die Verzettelungs-Falle«, Seite 10)

2. Den Tag planen
Eine Faustregel besagt, dass zehn Minuten Arbeitsplanung am Vorabend oder Morgen mehr als zwei Stunden Zeit tagsüber einsparen. Schon bei der Planung können Sie sich fragen: Was passiert, wenn ich diese Arbeit nicht verrichte? Wenn Sie mit »Nichts« darauf antworten, wissen Sie, dass sie in Ihrer Prioritätenliste mindestens an den Schluss gehört. Wichtig: Planen Sie großzügig »Pufferzonen« für Unvorhergesehenes ein! (››› Kapitel »Planung ist das halbe Ergebnis«, Seite 34)

3. Perfektionismus vermeiden
Man darf Ihrer Wohnung ansehen, dass sie bewohnt ist. Deshalb verabschieden Sie sich von dem Gedanken, Ihr Haushalt müsste jederzeit so aussehen wie in der Fernseh-Werbung oder in einer Ausstellung. Die Hauptsache ist, dass Sie und Ihre Familie sich dort wohl fühlen. (››› »Die Perfektionismus-Falle«, Seite 12)

4. Das Unangenehme zuerst
Unangenehme Arbeiten vor sich her zu schieben drückt auf die Seele und kann den ganzen Tag vermiesen. Also die Sache lieber gleich anpacken und möglichst zügig erledigen. Nehmen Sie sich gegebenenfalls nicht zu viel vor: Fangen Sie überhaupt an und erledigen Sie erst einmal einen Teilbereich der anstehenden Arbeit komplett.

5. Erholung gönnen

Wie jeder Mensch brauchen auch Sie Erholungszeiten, in denen Sie sich ausruhen oder mit Dingen beschäftigen, mit denen Sie Entspannung finden. Das können Sie auch als eigene feste Verpflichtung mit sich selbst ansehen. (››› Kapitel »Planung ist das halbe Ergebnis«, Seite 34, »Geteilte Pflichten sind halbe Pflichten«, Seite 50 und »Tipps gegen den Stress«, Seite 68)

6. Delegieren

Fühlen Sie sich nicht allein zuständig für den reibungslosen Ablauf Ihres Haushalts. Der Partner und die Kinder (wenn sie nicht noch sehr klein sind) sollten eigene Zuständigkeitsbereiche haben. (››› Kapitel »Geteilte Pflichten sind halbe Pflichten«, Seite 50)

7. Nein sagen

Gehören Sie zu den Menschen, die nur schwer Nein sagen können? Wenn Sie merken, dass Sie eine Bitte nicht erfüllen möchten und das eigentlich auch gar nicht notwendig wäre, lehnen Sie freundlich aber deutlich ab. Und wenn das nicht ernst genommen wird, dürfen Sie darüber auch wütend werden. (››› »Die Alles-Selbermach-Falle«, Seite 14)

8. Kein Stress am Wochenende

Hüten Sie sich davor, die Wochenenden vollzustopfen mit allen Arbeiten, die Sie in der Woche nicht erledigt haben. Die wenigen freien Tage, die Sie mit Ihrer Familie verbringen können, sollten Sie für Unternehmungen reservieren, die allen Spaß machen. Das brauchen sowohl die Erwachsenen als auch die Kinder. Wenn Familien-Events, wie etwa gemeinsames Ausmisten oder den Garten auf Vordermann bringen, zu fröhlichen, erholsamen Aktionen werden – dann gehören auch sie ins Wochenende. (››› Kapitel »Raum schaffen«, Seite 28)

9. Mut zum Reduzieren

Entschlacken Sie Ihren Alltag, indem Sie einige Termine ersatzlos streichen und Arbeiten delegieren. Überlegen Sie, ob nicht auch die Kinder ein zu volles Programm haben, das ihnen zu wenig Zeit zum unverplanten Spielen lässt. Freizeitaktivitäten sollten möglichst in Wohnungsnähe stattfinden, um lange Fahrtzeiten zu vermeiden. (››› Kapitel »Wo bleibt die Zeit?«, Seite 22)

10. Vorsorge für den Notfall

Für Krisenzeiten (im Kindergarten grassieren die Windpocken, die Tagesmutter sagt ab oder Sie werden krank) sollten Sie vorsorgen und parat haben, wer spontan im Falle des Falles einspringen kann? (››› Kapitel »Geteilte Pflichten sind halbe Pflichten«, Seite 50)

10

Arbeit – eine Frage der inneren Einstellung

Waren alle Hausfrauen früherer Generationen unglücklich? Sicher nicht. Mit großem Engagement und innerer Zufriedenheit haben viele Frauen ihre Arbeit für Familie und Haus bewältigt.

Es gibt Menschen, Männer wie Frauen, die durchaus Spaß an Hausarbeit haben, und ihnen geht die Arbeit leichter von der Hand als ihren Mitmenschen, die Hausarbeit als ungeliebte, lästige und unwerte Tätigkeit ansehen, zu der man sich überwinden muss.

Hier ein paar Anregungen, wie sich eine Arbeit leichter anfühlt:

Arbeiten Sie zielorientiert
Es lohnt sich, sich vor Beginn einer Tätigkeit das Resultat plastisch vorzustellen und auf dieses Resultat hinzuarbeiten: die Wäsche, die kuschelig und duftend im Schrank liegen wird, die blitzenden Fenster, der aufgeräumte Schrank ... Gönnen Sie sich anschließend die Freude darüber, wie gut die Arbeit gelungen ist.

Nehmen Sie Ihre Arbeit ernst
Früher war Hausarbeit anstrengende körperliche Arbeit, ob die Familie in der Stadt oder auf dem Land lebte. Die Gerätschaften waren schwer, technische Hilfen sehr begrenzt. Und eine Waschfrau oder Putzhilfe konnten sich nur wenige leisten. Trotz aller Erschwernisse haben die Frauen damals ihre Arbeit geschafft – weil sie sie ernst genommen haben und sich über ihre Aufgaben für die Familie definierten.

Die Arbeit – und dabei sich selbst – ernst zu nehmen ist wichtig. Die Hausarbeit ist nach wie vor ein notwendiges Arbeitsfeld, denn was gibt es Wichtigeres, als der Familie und sich selbst ein schönes und gemütliches Umfeld zu schaffen?

Lassen Sie sich nicht aus der Ruhe bringen
»Eins nach dem anderen« war eine der vielen kleinen Lebensweisheiten, die frühere Generationen gern weitergaben. Die Welt war beschaulicher und die Arbeit überschaubarer. Die Hetze von Termin zu Termin, und zwischendurch noch ein Anruf – das kannten unsere Großeltern und Urgroßeltern

so nicht. Aber auch sie hatten ihren Alltag zu organisieren: die schwere Arbeit, das schmale finanzielle Budget und oft viele Kinder am Schürzenzipfel. Sie haben es geschafft, weil sie sich nicht aus der Ruhe bringen ließen. Versuchen Sie, die Ruhe und Kraft, die Sie in sich haben, für die Arbeit zu verwenden, bei der Sie gerade sind. Lassen Sie sich nicht ablenken von den vielen kleinen Ereignissen am Rande oder anders gerichteten Gedanken, sondern bleiben Sie möglichst bei der Sache, die Sie begonnen haben, konzentriert und mit ganzer Seele. Dabei können Sie von Ihren Kindern lernen: Sind sie in ein Spiel versunken, hören und sehen sie nichts anderes, gehen vollkommen auf in ihrer Tätigkeit. Mit ein wenig Übung können die Erwachsenen sich dies auch wieder zurückholen.

Sich nicht ablenken lassen und bei einer Sache bleiben

Wiederholungen haben ihren Wert

Aus der Physik stammt der Begriff der »Entropie«: Sie ist ein Maß für die Ordnung der Dinge. Die Entropie wird mit zunehmender Unordnung größer und kann ohne äußeres Eingreifen nicht gleich bleiben oder abnehmen. Gibt man blaue und weiße Kugeln nach Farben getrennt in eine Schüssel und vermischt sie, werden sich die Kugeln dabei zu keinem Zeitpunkt wieder in die ursprüngliche Ordnung versetzen, sondern sich immer stärker vermischen.

Auf die Hausarbeit bezogen heißt dies: Unordnung verwandelt sich nicht von allein in Ordnung. Es bedarf unserer Kraft und Zeit, um den Drang der Dinge hin zum Chaos in gewünschte Bahnen zu lenken, immer wieder, jeden Tag, jede Woche, jeden Monat aufs Neue.

Die Wohnung versetzt sich nicht von allein wieder in den Zustand der Ordnung, im Gegenteil. Ungespültes Geschirr zieht noch mehr Schmutz an, ungewaschene Wäsche lässt Bakterien wuchern, ein unaufgeräumtes Zimmer strebt nach noch mehr Unordnung. Die Entropie nimmt weiter zu. Uns

Menschen, die ihr Lebensumfeld gestalten und strukturieren können, hängt die Aufgabe an, ständig die Ordnung und Übersichtlichkeit wiederherzustellen. Es kann sehr frustrierend sein, immer wieder für einen gewissen Ausgangszustand zu sorgen. Unsichtbar ist diese Arbeit, ohne (fest)haltbares Ergebnis. Die Krümel unter dem Esstisch – wie oft haben wir sie fortgefegt, und immer aufs Neue holen wir Staubsauger oder Kehrblech hervor und lassen sie verschwinden.

Dieses immer wiederkehrende Tun kann man auch mit anderen Augen betrachten: Essenszubereitung, Gartenarbeit, Putzen sind bei buddhistischen Mönchen Teil der Meditation. In solchen Tätigkeiten sehen die Geistlichen eine spirituelle Bereicherung, weil diese eigene Freiräume für innere Betrachtungen gewähren.

Routinearbeiten geben Möglichkeiten: die Gedanken auf die Reise zu schicken, beim (gemeinsamen) Tun ein offenes Ohr für Kinder und Partner zu haben, zu reden, zu erzählen, Radio/Musik zu hören ... .

Ein Mensch wurde einmal gefragt,
warum er trotz seiner vielen Beschäftigungen immer so gesammelt sein
könne. Er sagte:
Wenn ich stehe, dann stehe ich –
wenn ich gehe, dann gehe ich –
wenn ich sitze, dann sitze ich –
wenn ich esse, dann esse ich –
wenn ich spreche, dann spreche ich...
Da fielen ihm die Fragesteller
ins Wort und sagten:
Das tun wir doch auch, aber
was machst du darüber hinaus?
Er sagte wiederum:
Wenn ich stehe, dann stehe ich –
wenn ich gehe, dann gehe ich...
Wieder sagten die Menschen:
Das tun wir doch auch!
Er aber sagte zu ihnen: Nein,
wenn ihr sitzt, dann steht ihr schon,
wenn ihr steht, dann lauft ihr schon,
wenn ihr lauft, dann seid ihr schon am Ziel.

Verfasser unbekannt

Das bisschen Haushalt ...

Jeder weiß, dass die Arbeit für die Familie wichtig ist und Kompetenz verlangt – aber Anerkennung gibt es dafür so gut wie gar nicht, weder im privaten noch im gesellschaftlichen Rahmen, denn:

- Was nichts kostet, das zählt nicht viel. Und Hausarbeit gehört nun mal zu den Beschäftigungen, die nicht entlohnt werden. Ein schönes Hobby sozusagen.
- Hausarbeit ist ein bescheidenes Wirkungsfeld, sie passiert in den eigenen vier Wänden, steigert nicht das Bruttosozialprodukt und taugt nicht zur Status- und Karrieresteigerung wie die Erwerbstätigkeit. Dass sie zum Leben gehört, überall auf der Welt, für Singles und Familien, für Berufstätige und Nicht-Berufstätige, für Menschen mit Kindern und ohne Kinder, wird nicht gewürdigt.

Eine Hausfrau und Mutter hat vielseitig äußerst qualifizierte Aufgaben zu leisten. Sie ist in einer Person

Familienmanagerin	Chauffeurin
Kinderbetreuerin	Reinigungskraft
Raumaustatterin	Gesundheitsberaterin
Sekretärin	Krankenschwester
Ernährungsfachfrau	Pädagogische Mitarbeiterin
Wäscherin	Finanzbuchhalterin.

Unbezahlte Arbeit im Wert von 820 Milliarden Euro wurde im Jahr 2001 in deutschen Haushalten geleistet. Nach Auskunft der Bundeszentrale für politische Bildung entspricht diese Summe der von Industrie, Handel, Verkehr und Gastgewerbe zusammen.

In einem Beitrag eines Internet-Elternforums rechnet eine nicht erwerbstätige Mutter den Wert ihrer Arbeit wie folgt zusammen: Zwölf Stunden täglich Einsatz für die Familie zum (äußerst gering angesetzten) Stundenlohn von 10 Euro: 120 Euro pro Tag. Bei einem 30-Tage-Job sind das 3600 Euro. Würden Hausarbeit, Kinderbetreuung und alle anderen Aufgaben, die im Haushalt zu leisten sind, angemessen bezahlt, würde das Gehalt weit höher liegen.

Hochgerechnet betrüge der volkswirtschaftliche Wert der 95,5 Milliarden Stunden unbezahlter Hausarbeit, die allein in Deutschland jährlich geleistet werden, über eine Billion Euro!

Glosse

Wir stellen ein zum nächst möglichen Termin

Hausfrau/Hausmann

Sind Sie geistig beweglich und körperlich belastbar? Frustrationstolerant und von freundlichem Wesen? Können Sie kochen, backen, waschen, putzen und Kinder erziehen und alte Familienmitglieder pflegen? Kennen Sie sich mit Umwelt-Schadstoffen, Baubiologie und Vollwertkost und Lebensmittel-Zusatzstoffen aus? Haben Sie die globalen Auswirkungen täglichen Konsums im Blick? Sind Sie in der Lage, kreativ und trotzdem gewissenhaft mit Ihrer Zeit umzugehen? Haben Sie keine Scheu, sich mit Erzieherinnen und Lehrern auseinander zu setzen? Sind Sie bereit zu intensiven Kontakten mit Ämtern, Behörden und Geldinstituten? Sind Sie bewandert in Psychologie und Krankenpflege?

Dann sind Sie der/die richtige Mitarbeiter/in für uns!

Wir bieten

7-Tage-Woche! Ein angemessenes Taschengeld! Ein entwicklungsfähiges Team! Einen echten Heimarbeitsplatz! Überwiegend Routinetätigkeiten!

Führerschein Klasse drei erwünscht.

11

Den Alltag besser organisieren

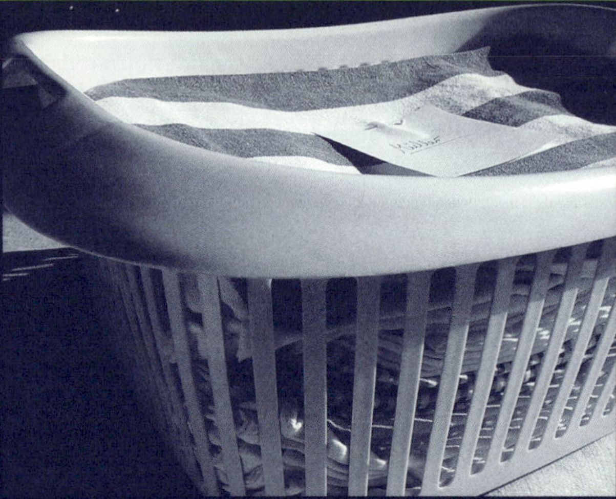

Niemand von uns ist in allen Lebensbereichen gleichermaßen kompetent. Alle Menschen können einige Dinge besonders gut, weil sie dafür Talent haben oder darin geübt sind, und andere Dinge fallen schwer, weil sie nicht dem eigenen Naturell entsprechen oder fremd und neu sind.

Kämen Sie auf die Idee, alles selbst bewältigen zu wollen? Wenn der Wasserhahn tropft oder die Toilette verstopft ist – schnappen Sie sich dann Rohrzange und Klempner-Spirale und machen sich selbst ans Werk? Wenn das Getriebe am Auto kaputt ist – tauchen Sie selbst in den Motorraum? Wenn das Klavier gestimmt werden muss – machen Sie das selbst?

Es ist ganz selbstverständlich, Aufgaben, denen wir uns nicht gewachsen fühlen, zu delegieren, um Hilfe zu bitten oder bei professionellen Stellen in Auftrag zu geben. Im Haushalt aber meinen viele, sie müssten Fachmann oder -frau für alles sein: Waschen, Bügeln, Kochen, Krankenpflege, Kindererziehung, finanzielle Angelegenheiten … .

Ums Delegieren ging es in unserem Kapitel »Geteilte Pflichten sind halbe Pflichten« (››› Seite 40). Eine weitere Möglichkeit, sich die Dinge vom Hals zu halten, für die weder Lust noch Talent vorhanden sind, heißt, sie einfach bleiben lassen. Wer sagt, dass T-Shirts und Jeans gebügelt werden müssen? Nach der Wäsche unter den restlichen Stapel frischer Wäsche im Schrank geschoben, werden sie von ganz allein glatt. Wo steht geschrieben, dass wir jeden Tag ein gesundes, vollwertiges Essen zaubern müssen? Es gibt Menu-Bringdienste, die Vollwert-Kost anliefern. Wir müssen weder nähen noch stricken, wenn uns das keinen Spaß macht.

Finden Sie heraus, welche Arbeiten Sie mit großem Widerwillen erledigen und überlegen Sie, ob das Arbeiten sind, die Sie ersatzlos streichen oder gegen Geld erledigen lassen können. Natürlich ist das finanzielle Budget begrenzt! Doch sich zumindest ab und zu einer »verhassten« Tätigkeit zu entledigen, kostet u. U. nicht mehr als ein Kinobesuch und vermittelt aber eine besondere Genugtuung. Es bleibt in der Regel immer noch genug Arbeit übrig. Probieren Sie es doch einfach ein Zeit lang aus, bestimmte Aufgaben ganz zu lassen oder andere damit zu betrauen.

Kleine Tricks mit großer Wirkung

Hier einige konkrete Tipps, wie Sie Unumgängliches vielleicht besser in den Griff bekommen.

Einkaufen

Das Einkaufen kann viel Zeit und Nervenkraft kosten. Mit ein wenig Planung können die Gänge zum Supermarkt enorm reduziert werden:

Vorräte ersparen Einkaufswege

- Gewöhnen Sie es sich an, auf Vorrat einzukaufen. Vorräte an Grundnahrungsmitteln (Nudeln, Reis, Getränke u.s.w.), Putz- und Körperpflegemitteln ersparen es Ihnen, ständig an alles zu denken und zu häufig einkaufen zu müssen. Wenn der Vorrat zur Neige geht oder die letzte Packung angebrochen wurde, kommt das entsprechende Produkt gleich auf die Einkaufsliste.
- Auch einem geübten Gedächtnis kann es passieren, dass es etwas vergisst. Kaum etwas ist überflüssiger und raubt mehr Zeit als der wiederholte Weg zum Supermarkt, weil etwas Wichtiges fehlt. Dagegen hilft eine Einkaufsliste (oder eine hilfsbereite Nachbarin).
- Es hat sich bewährt, langfristig zu planen, was gekocht werden soll. Wenn Sie einmal pro Woche überlegen, was Sie in den nächsten Tagen zubereiten wollen, sich ein bisschen Zeit nehmen, um die Vorräte zu sichten und sich durch das, was gerade Saison hat, oder durch Kochbücher inspirieren zu lassen, sparen Sie viel Zeit beim Einkaufen: Ein Großeinkauf pro Woche und zwei Mal wöchentlich der Kauf von frischen Lebensmitteln reichen aus.

Kochen

Im Zeitalter des Gefrierschranks lohnt sich das Kochen und Backen auf Vorrat.

- Seien es Eintöpfe, Fleischgerichte oder Suppen – Fertiges aus der Kühltruhe zu zaubern entlastet enorm das Zeitbudget, ist ein beruhigender Vorrat für Engpässe, und das Essen auf den Tisch zu bringen kann problemlos an die Kinder delegiert werden. Übrigens kann Hefeteig hervorragend eingefroren werden: einfach die dreifache Menge herstellen und die beiden Rest-Portionen zu Kugeln gerollt einfrieren. So ist der Apfelkuchen fürs Wochenende schnell gezaubert.
- Es gibt kein Gesetz, das Hausfrauen und -männern vorschreibt, sie müssten jeden Mittag etwas Warmes auf den Tisch bringen. Eine Quarkspeise, nett angerichtete Toasts oder ein bunter leckerer Salat können das warme Essen gut ersetzen. Gekocht wird dann abends gemeinsam und in Ruhe. Oder auch mal gar nicht. Eine Zusammenstellung von schnell zubereiteten und vollwertigen Mahlzeiten für Kinder, zusammen mit vielen Ernährungstipps für eilige Eltern, finden Sie übrigens in dem Buch »Mahlzeit, Kinder« , hrsg. von den Verbraucherzentralen, Düsseldorf 2004.
- Erstellen Sie Speisepläne für die ganze Woche, die sich nach drei bis vier Wochen wiederholen.

Putzen

Wo die Schmerzgrenze für Schmutz in der Wohnung liegt, ist individuell sehr unterschiedlich. Den einen stört ein Fussel auf dem Teppich, die andere kann zeitweise mit gewissen Staubschichten ganz gut leben. Auch das Putzen können Sie sich erleichtern – je nach Typ.

- Bündeln Sie die Arbeiten in der ganzen Wohnung, zum Beispiel indem Sie heute die komplette Wohnung saugen oder wischen, morgen alle Fenster putzen, übermorgen überall Staub wischen. Der Vorteil: So müssen Sie nicht immer wieder die benötigten Utensilien zusammentragen.
- Falls es Sie zufriedener stellt, wenn Sie etwas komplett schaffen, können Sie sich einen Raum nach dem anderen vornehmen.
- Nutzen Sie die modernen Arbeitsgeräte: den praktischen Eimer mit Wring-Mechanismus, Mikrofasertücher, einen Schrubber-Überzug mit Klettverschluss, einen Scheiben-Putzer mit Teleskop-Arm, vielleicht ein Dampfreinigungs-Gerät.
- Von vornherein können alle für wenig Schmutz in der Wohnung zu sorgen, etwa indem sie ihre Schuhe im Flur ausziehen und gleich in die Hausschuhe schlüpfen.

Einer Wohnung, in der Kinder leben, darf man das durchaus ansehen. Sie muss nicht funkeln wie in der Fernseh-Werbung. Wissenschaftler haben herausgefunden, dass die Anfälligkeit unserer Kinder für Allergien auch mit übertriebener Hygiene zusammenhängt: Das Immunsystem kann nicht reifen, wenn es sich nicht ab und zu gegen Keime zur Wehr setzen muss. Ein bisschen Schmutz ist also durchaus verkraftbar und auch gar nicht zu vermeiden.

Waschen

Bei Kleidungsstücken streiten sich die Geister darüber, was wichtiger ist: der ökologische oder der zeitsparende Effekt. Da sind Kompromisse gefragt, z. B.:

- Alles, was direkt auf der Haut getragen wird, also Unterwäsche, Strümpfe, Mützen, Schals, Handschuhe ... kaufen Sie aus Naturmaterialien, vor allem für die Kinder. Bei Kleidungsstücken, mit denen die Haut nicht direkt in Kontakt kommt, achten Sie in erster Linie auf Strapazierfähigkeit und einfache Pflege.
- Sortieren Sie waschreife Kleidung und Wäschestücke gleich nach dem Benutzen vor.
- Wenn Sie ein Baby haben: Tagsüber die praktischen Wegwerf-Windeln und nachts Baumwoll-Windeln oder umgekehrt. Übrigens müssen Sie die Baumwollwindeln nicht selbst waschen: Bundesweit gibt es rund 70 Windeldienste, die meisten von ihnen sind dem »Verband der deutschen Windeldienste« angeschlossen. Sie holen die gebrauchten Stoffwindeln zu Hause ab und bringen sie gewaschen wieder. Informationen dazu finden Sie in Ihrem Branchentelefonbuch oder im Internet, z.B. unter www.windeldienst.de.

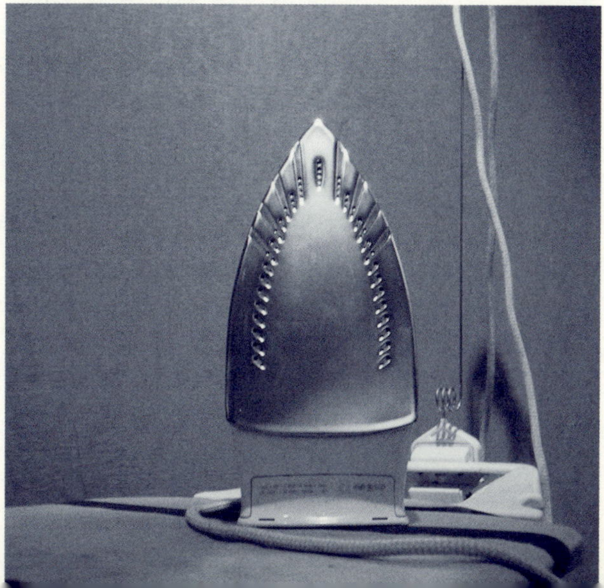

Ausflüge und Feste vorbereiten

Viel Zeit geht vor Ausflügen durch das Zusammensuchen der notwendigen Utensilien verloren. Eine nervenaufreibende Situation: die Kinder quengeln, wollen los, und Sie müssen erst noch die Eimerchen, Schaufeln und Förmchen für den Spielplatz zusammen suchen, die Taschentücher, Kekse, den Ball einpacken.

Mit einem Griff alles parat haben

- Schneller geht es, wenn für regelmäßig Stattfindendes alles griffbereit ist: Packen Sie die benötigten Utensilien in eine Tasche oder kleine Kiste, die Sie fast nur noch greifen müssen. Dann nur noch ein Butterbrot dazu und etwas zu trinken, für die Kleinsten ein Fläschchen mit Tee, und schon kann es losgehen. Das Gleiche gilt für andere Gelegenheiten. Einige Beispiele:
  - ✔ Schwimmbadbesuch: Badeanzug oder -hose, die Schwimmflügel, ein Ball, Handtücher, Bilderbuch, Bademantel, Sonnenschutzmittel, Decke ... können Sie in einer geräumigen Tasche immer parat haben.
  - ✔ Autofahrt: Eine Tasche oder Kiste mit Beschäftigungsmaterial, Hörkassetten oder CDs, kleinen Spielen, Rateheften kann ihren festen Platz im Kofferraum haben.
  - ✔ Picknick: Sie können sich selbst Ihre komplette Picknick-Ausrüstung zusammenstellen mit (Plastik-) Geschirr und Besteck, Bechern, Kühltasche, einer Decke. Und natürlich Spielzeug fürs Toben auf der Wiese.
- Für den Kindergeburtstag und ähnliche Feierlichkeiten können Sie ebenfalls alles schnell zur Hand haben: In eine kleine Kiste kommen Dekorationsartikel, der Kerzen-Kranz und alles, was zum Geburtstags-Ritual dazu gehört.

Ordnung halten

Nicht nur für die kleinen Ereignisse und Touren mit den Kindern ist es ratsam, das Nötige griffbereit an einem festen Platz aufzubewahren.

- Alle regelmäßig benutzten Gegenstände in Ihrem Haushalt sollten ihren angestammten Ort haben, an dem sie jederzeit zu finden sind und an den sie nach Gebrauch wieder zurückkommen – einen »Immer-Platz«: die Putz-, Wasch- und Schuhpflege-Mittel, die Quittungen, die Sie aufheben sollten oder wollen, die Garantie-Belege, das Werkzeug, der Vorrat an Glühbirnen, Batterien, Kerzen u.s.w. Wenn Sie für die Dinge, die Sie brauchen, ein Verstauungs-System gefunden haben, dauert es vielleicht eine Weile, bis Sie sich an die festen Orte gewöhnen, aber Sie müssen dann nicht mehr suchen und haben den Kopf entlastet.

Werkzeuge benutzbar halten

Sie ziehen ein Messer aus der Schublade und es ist stumpf. Sie wollen über das Parkett wischen, und der Eimer ist schmutzig. Sie möchten mit dem Fahrrad zum Einkaufen fahren und die Reifen haben nicht genug Luft ... Sich eine Aufgabe vorgenommen zu haben und sie nicht gleich beginnen zu können, weil erst umständliche Vorbereitungen nötig sind, kostet Nerven und Zeit zur falschen Zeit. Darum sorgen Sie dafür, dass alles gut in Schuss ist:

- Schleifen Sie die Messer gleich wenn Sie merken, dass sie nicht mehr gut schneiden,
- Säubern Sie die Arbeitsgeräte nach jedem Gebrauch.
- Seien Sie zurückhaltend beim Kaufen immer neuer Gegenstände, auch wenn sie als noch so praktisch angepriesen werden: Sie zu pflegen kostet Zeit.

Wartezeiten nutzen

Selbst in einem engen Terminplan gibt es immer wieder Wartezeiten: den Stau, wenn Sie die Kinder zu einem Nachmittags-Kurs bringen, das Warten an der Supermarkt-Kasse oder beim Arzt ... Solche »Stand-by«-Zeiten sollten Sie bewusst zu Ihrer Erholung nutzen. Wie die aussieht, hängt von Ihnen ab: Die einen erholen sich, wenn sie ihren Gedanken nachhängen, die anderen, wenn sie eine Seite in einem Buch lesen, die dritten, wenn sie ein paar Reihen stricken.

- Entspannungsübungen bieten sich für Wartezeiten ebenso an wie das Vorformulieren einer Geburtstagskarte oder das Nachdenken über ein Geschenk.
- Es nützt nichts, unvermeidbare Wartezeiten mit Sich-Ärgern und innerlicher Drängelei zu füllen, davon lösen sich weder der Stau noch die Schlange an der Kasse auf. Sie selbst machen sich Stress, weil Sie sich nicht ins Unabänderliche fügen mögen und mit Ihren Gedanken schon weiterhetzen.
- Bewundernswert die Eltern, die gelassen abwarten, bis ihr Kind das letzte Mäuerchen erklommen und jede Pfütze übersprungen hat. Es soll sogar Eltern geben, die dann in aller Ruhe ein Buch aus der Tasche ziehen und lesen.

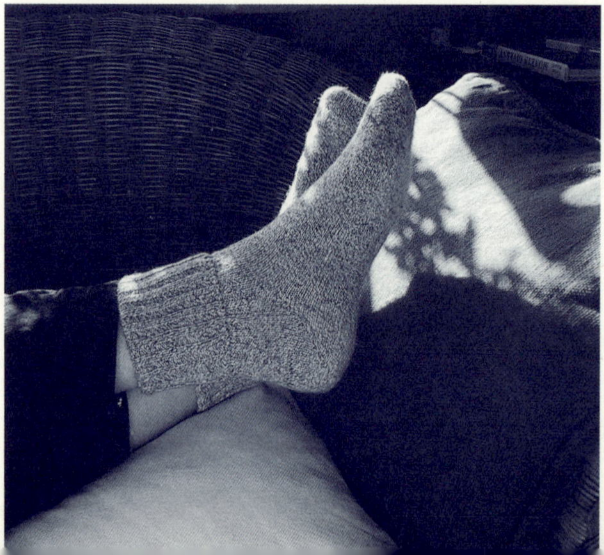

Den Alltag sportlich sehen

Bewegung tut gut, und Bewegung tut not – das wissen wir alle. Doch grau ist alle Theorie, und die Realität sieht so aus: Noch vor 50 Jahren ging der durchschnittliche Deutsche 19 Kilometer pro Tag zu Fuß, heute sind es mal gerade 700 Meter! Vom Haus zum Auto, vom Auto zum Arbeitsplatz oder ins Geschäft ... Und zu Hause? Der Lieblingsplatz ist vor dem Fernseher, und was im Haushalt getan werden muss, erfordert keine langen Wege. Experten raten zu mindestens 30 Minuten Bewegung am Tag, um Herz- und Kreislaufbeschwerden vorzubeugen. Warum also nicht den Alltagsgeschäften eine »sportliche Note« abgewinnen? Hier einige Vorschläge:

- Erledigen Sie kleine Besorgungen mit dem Fahrrad oder zu Fuß! Gestalten Sie den Hinweg stramm, »walkingmäßig«.
- Wenn es in Ihrem Wohnhaus einen Fahrstuhl gibt: Ignorieren Sie ihn ab und zu und wählen ganz oder teilweise die Treppe. Fünf Minuten Treppensteigen verbrennen 25 kcal – pro Tag kommt man damit in einem Jahr auf über 9000 kcal, die übrigens rund 1,25 kg Körperfett entsprechen!
- Einige Tätigkeiten können gymnastisch gesehen werden: Fenster putzen, Wäsche aufhängen, Einkäufe wegräumen, Gartenarbeiten u. Ä.

Auf einen Blick

1. ***Planen Sie längerfristig, was Sie zubereiten wollen. Kochen und backen Sie auf Vorrat.***
2. ***Übertreiben Sie es nicht mit der Hygiene in Ihrer Wohnung.***
3. ***Halten Sie alle regelmäßig benutzten Utensilien und Ihre Arbeitsgeräte griffbereit.***
4. ***Verbinden Sie »Lästiges« mit einem Zusatznutzen: Wartezeiten zur Entspannung und Alltagsarbeiten als gesunde Bewegung.***

Schluss machen mit alten Gewohnheiten!

In vielen Bereichen des Alltags können wir uns durch bewusstes Planen das Leben erleichtern. Doch ist nach munterem Start häufig ein Hindernis grundsätzlicher Art zu überwinden: Oft macht uns unsere eigene Psyche einen Strich durch die schönste Planung. Dann nämlich, wenn wir etwas gegen unsere Gewohnheit oder unsere bisherige Überzeugung tun, oder wenn das, was wir anders als bisher tun möchten, unserem Naturell einfach nicht zu entsprechen scheint. Das führt dann häufig dazu, dass nach einigen sich fremd anfühlenden Versuchen der alte Trott wieder durchschlägt.

Beispiel Haushalt: Ihr Kopf sagt Ihnen, dass das Ordnunghalten das Leben erleichtern könnte. So gern hätten Sie eine aufgeräumte Wohnung, in der alles übersichtlich aussieht, Sie geben sich die größte Mühe – und doch schaffen Sie es einfach nicht, die Dinge gleich an den richtigen Ort zu legen, regelmäßig aufzuräumen oder durch Ausmisten eine Grundordnung in Ihr Umfeld zu bringen.

In diesem Fall stehen sich Verstand und Seele unversöhnlich gegenüber. Die Umsetzung einer Einsicht gelingt nicht. Es gibt zwei Möglichkeiten, mit diesem Dilemma umzugehen: Entweder Sie akzeptieren Ihre gewohnte seelische Struktur und pfeifen darauf, was Ihnen Ihr Kopf als vernünftig einzureden versucht. Oder Sie hören auf die Stimme der Vernunft und versuchen, Ihre psychische Struktur in diesem bestimmten Punkt dementsprechend anzupassen.

Wenn Sie die zweite Möglichkeit wählen, müssen Sie ein wenig Vorarbeit leisten. Versuchen Sie auch hier zunächst eine Bestandsaufnahme, am besten schriftlich. Wie schätzen Sie sich selbst zu einem bestimmten Problem ein? Zum Beispiel beim Ordnunghalten: Was hält Sie davon ab?

Was macht es Ihnen so schwer? Was ist Ihnen an Ihrem neuen Vorsatz wichtig? Werden Sie traurig, ärgerlich, verzagt, antriebslos, wenn Sie Vorsatz und Umsetzung nicht in Einklang bekommen? Überlegen Sie: Gibt es noch andere Verhaltensmuster, die dem Problemverhalten verwandt sind und die Sie ebenfalls stören? Zur fehlenden Ordnungsbereitschaft gehört vielleicht die Unfähigkeit, Termine und Uhrzeiten einzuhalten. Oder ein überaus legerer Umgang mit Ihrem Äußeren. Anhand solcher Notizen können Sie vielleicht schon eine Struktur und Rangordnung erkennen, die Sie nun gezielt angehen. Wichtig: Benennen Sie eine konkrete Tätigkeit, mit der Sie beginnen wollen (bei Problemen mit der Ordnung zum Beispiel: Schrank aufräumen).

Nun definieren Sie verbindlich den Einstieg ins gewünschte Verhalten. Und zwar ganz konkret. Nehmen Sie sich nicht vor, »irgendwann« anders zu handeln, sondern schließen Sie einen Vertrag mit sich selbst (vielleicht auch schriftlich), in dem Sie mit Datum und Uhrzeit festlegen, wann Sie so handeln werden, wie Sie es sich vorgenommen haben. An diese Vereinbarung halten Sie sich dann genauso, wie Sie sich an Vereinbarungen mit Dritten – einem Handwerker, Ihrer Bank, einem Händler – halten. Haben Sie sich also vorgenommen, für mehr Ordnung zu sorgen und in Ihrem Selbst-Vertrag das Aufräumen des Schrankes festgelegt, dann verpflichten Sie sich, das auch am vorgeschrieben Termin in die Tat umzusetzen.

Wenn Sie diesen ersten Schritt geschafft haben, haben Sie das erste Erfolgserlebnis schon in der Tasche. Und dann schließen Sie gleich die nächste Vereinbarung mit sich selbst. So wachsen Sie allmählich, durch viele kleine Erfolgsschritte, in eine neue Geläufigkeit hinein, die irgendwann die alte, belastende Gewohnheit ersetzt (hat).

12

Freizeit und Feste – richtig organisiert

Ruhe und Entspannung. Aktivitäten, die Spaß machen. Menschen besuchen, die Sie mögen. Sich intensiv um die Kinder kümmern …

Wie Sie sich am Wochenende gut erholen können, wissen Sie selbst am besten. Aber eins gilt für die freien Tage auf jeden Fall: Sie müssen so gestaltet sein, dass Sie dadurch auftanken können und Sie als Alternative zum Alltag in der Woche empfinden. Auch die Planung und Durchführung von kleinen Festen und Feiern muss nicht von Stress begleitet sein.

Das Wochenende – genug Zeit für alle

Wer die ganze Woche lang Aufgaben erledigen musste, die von außen an ihn heran getragen wurden, der braucht wenigstens am Wochenende eine Auszeit und den Ausgleich, das zu tun, was er oder sie aus sich heraus mag und für sich braucht.

Wie die übrige Woche, so will auch die Freizeit geplant sein. Sonst läuft Ihnen auch hier die Zeit davon, geht drauf für dieses und jenes, was innerhalb der Woche nicht geschafft wurde, und am Abend fragen Sie sich: Was hatte ich von meinen freien Stunden?

Also auch am Wochenende: Prioritäten setzen! Besprechen Sie am Donnerstag- oder Freitagabend zusammen mit Ihrem Partner und den Kindern, was sich die einzelnen wünschen. Dann haben Sie noch ausreichend Zeit, die verschiedenen Bedürfnisse zu koordinieren und deren Umsetzung zu planen. Es mag sein, dass Ihr Partner das Fußballspiel im Fernsehen nicht versäumen möchte, der Sohn sich mit einem Freund verabredet hat, die Tochter ins Kino will und Sie einen Stadtbummel vorhaben. Ihre gemeinsame Aufgabe ist es, die Verwirklichung dieser unterschiedlichen Wünsche zu klären, zu entscheiden, wer den Sohn zum Freund bringt und die Tochter ins Kino begleitet – auch hier sollten Sie sich nicht scheuen, die Hilfe Dritter anzunehmen, wenn es sich anbietet.

Falls Ihre Kinder nicht schon flügge werden und anderes im Sinn haben als mit den Eltern die Wochenenden zu verbringen: Mindestens eine gemeinsame Unternehmung sollten Sie sich für jedes Wochenende vornehmen. Das kann ein Spiel-Nachmittag sein oder ein Besuch im Zoo, eine Radtour mit Freunden oder eine Stippvisite zu den Großeltern. Es gibt nichts Schöneres für ein Kind, als beide Eltern bei sich zu haben, entspannt, gut gelaunt und ohne Zeitdruck.

Das Wochenende gehört der Familie

Geburtstag & Co. – Feste sind zum Feiern da

Wie sieht ein Fest aus, das Ihnen gefällt und bei dem Sie sich wohl fühlen? Die folgenden Fragen können helfen, sich bei Vorbereitung und Gestaltung entsprechend einzubringen, z. B.:

- An welches Ereignis auf einem Fest erinnere ich mich besonders gern zurück?
- Mit wem war ich auf einer Feier gern zusammen?
- Welche Situationen bei einer Familienfeier haben mir gut gefallen?
- Woran erinnere ich mich gar nicht gern?

Mit Ihren Antworten verfügen Sie über Anhaltspunkte, wie für Sie ein Fest aussehen könnte, das nicht nur Ihren Gästen, sondern auch Ihnen Spaß macht.

Eine Idee für ein Fest, das Ihnen wenig Arbeit bereitet und den Gästen das Gefühl gibt, ihren Beitrag dazu leisten zu können: ein »Gelage«, bei dem jede/r etwas mitbringt. Den Ursprung des Begriffs »Gelage« – etwas von vielen Zusammengelegtes, eine Umlage – können Sie wörtlich nehmen und so eine entspannte Feier inszenieren – von der Vorbereitung bis zum Aufräumen .

Tipps für die Kinderparty

Wie oft muss ich noch schlafen ...? Es gibt nichts Wichtigeres, Aufregenderes, Schöneres für ein Kind als seinen Geburtstag und das Feiern dieses Ehrentages mit anderen Kindern. Wer wird eingeladen und wer nicht? Was wird gespielt? Was gibt es zu essen?

Ein großes Stück Vorfreude ist das Planen des wichtigen Tages, und darum sollten Sie Ihr Kind in die Vorbereitung mit einbeziehen.

Phase 1 – Die Begrüßung: Die Haustürklingel steht nicht still: Kaum ist ein Kind angekommen und hat sein Geschenk überreicht, steht schon das nächste vor der Tür. Die Ereignisse überschlagen sich: Das An-der-Tür-Begrüßen, Geschenke auspacken, die Wünsche und Kommen-tare der immer zahlreicher erscheinenden Gäste – Ihr Kind ist damit überfordert. Und bei Ihnen selbst, als Regisseur/in der Veranstaltung, liegen bald die Nerven blank.

Abhilfe schafft auch hier das Delegieren: Teilen Sie einem der Gäste die Aufgabe des Türöffnens zu, einem anderen den »Vasen-Dienst« für die Blumen, einem dritten das Entsorgen der Geschenkpapier-Flut. Kinder freuen sich über solche Aufgaben, und wenn sie im gleichen Zimmer stattfinden wie das Hauptereignis, nämlich das Geschenke auspacken, haben sie auch nicht das Gefühl, etwas zu verpassen. Also: Vasen bereit stellen und für Behältnisse fürs ausrangierte Papier sorgen!

Phase 2 – Kakao und Kuchen: Erfahrungsgemäß sind die Kinder kurz nach Beginn der Feier so voller Tatendrang, dass sie wenig Lust haben, sich an eine festlich gedeckte Tafel zu setzen. Darum können Sie diesen Programmpunkt getrost streichen. Ein »Buffet« mit ein paar Süßigkeiten oder Kuchenstückchen, die nebenbei aus der Hand gegessen werden können, ist ein vollwertiger Ersatz.

Phase 3 – Spielen und Toben: Der wichtigste Punkt der Kinderparty. Welche Spiele ausgewählt werden, hängt natürlich vom Alter des Geburtstagskindes und seiner Gäste ab. Das Programm sollte abwechseln zwischen ruhigen Beschäftigungen wie Basteln oder Malen und Tobe-Spielen. Sommer-Geburtstagskinder haben es einfach: Raus in den Garten oder in den Wald, dort gibt es genug Platz, um sich auszutoben. Aber auch Herbst- und Winterkinder müssen darauf nicht verzichten: Was spricht gegen eine Schatzsuche in Regen oder Schnee? Natürlich bietet sich auch ein Kino-, Zoo- oder Schwimmbadbesuch an. Oder ein Besuch im nächst gelegenen Museum: Viele Museen bieten interessante Kinderprogramme an; ein Anruf dort lohnt sich.

Phase 4 – Der Ausklang: Müde vom Spielen und Toben finden sich die Kinder zum Abendessen ein. Auch dieser letzte Programmpunkt kann in Gemeinschaftsarbeit vorbereitet und durchgeführt werden: Den Tisch decken, die Servietten falten, die Teller und Gläser füllen sind Aufgaben, die die kleinen Gäste gern übernehmen. Denn anders als Erwachsene, die sich darüber freuen, mal bedient zu werden, gibt es für Kinder nichts Schöneres, als helfen zu dürfen und zu zeigen, was sie schon können. Auch hier sollten Sie die Aufgaben klar verteilen.

Das Wichtigste am Kindergeburtstag sind gut gelaunte Eltern. Darum bemühen Sie sich nicht um Perfektion; mühe- und kunstvoll hergerichtete Häppchen mit geschnitzten Möhrengesichtern und Mayonnaise-Verzierungen sind überflüssig. Die Atmosphäre am Tisch ist ausschlaggebend, nicht die Haute Cuisine.

Scheuen Sie sich nicht, sich für das Geburtstagsfest Verstärkung zu organisieren: die Großeltern, Tanten, Onkel oder befreundete Mütter und Väter.

Auf einen Blick

1. ***Die Wochenenden und anderen freien Tage gehören Ihnen und Ihrer Familie. Sie sind dazu da, um aufzutanken und neue Kraft zu schöpfen mit Unternehmungen, für die Sie sonst keine Zeit haben.***
2. ***Planen Sie die kostbaren freien Stunden vor.***
3. ***Gestalten Sie Feste so, dass sie nicht nur für Ihre Gäste, sondern auch für Sie selbst zu schönen Ereignissen werden, an die Sie später gern zurückdenken.***
4. ***Machen Sie aus dem Kindergeburtstag kein Super-Event. Ihre gute Laune ist wichtiger als eine perfekte Dekoration oder ein aufwändiges Menu.***

Glosse

O du Fröhliche ...

Rechtzeitig werde ich in diesem Jahr alles erledigen. Schon im Sommer, als die Luft nach Sonne riecht und nassen Badehosen, mache ich mich auf Weihnachts-Schnäppchen-Jagd. Ein tolles Hemd finde ich für meinen Mann, dezent gemustert und elegant, so wie er es mag. In der Schnickschnack-Abteilung des Kaufhauses die nächste Trophäe: ein Aschenbecher, wie gemacht für seinen Schreibtisch und längst fälliger Ersatz für das hässliche Ding, das er mal in einem Hotel hat mitgehen lassen.

Nächste Station: die Spielzeug-Abteilung. Irgendetwas mit Harry Potter muss es für Lissi sein, denn für meine Kleine ist der Zauberlehrling immer noch der Größte. Ein Prachtstück von Bilderbuch sehe ich, zum Aufstellen, mit beweglichen Teilen. Gesehen, gekauft. Dann noch ein goldiges Stoff-Kaninchen, ihrem Purzel wie aus dem Gesicht geschnitten. Und Leo? Für meinen Großen, der zu den Sendeterminen dieser Quizsendung wie hypnotisiert vor dem Fernseher klebt, ein elektronisches Quiz-Spiel. Sogar an die notwendigen Batterien denke ich.

Glücklich mache ich mich auf den Heimweg. Zu dreißig, vielleicht sogar vierzig Prozent ist das Weihnachtsfest geschaukelt. So wie im vergangenen Jahr, als ich wenige Tage vor Heiligabend in die Stadt hetzte, soll es diesmal nicht werden. Am liebsten würde ich jetzt schon den Weihnachtsbaum kaufen und Stollen backen – nur damit im Dezember nicht wieder alles über mir zusammen bricht.

Der Sommer schleicht sich davon, lässt den Spätsommer zurück, der vergoldet die Bäume und ist im Nu zum Herbst geworden. Die ersten Stürme fegen über die Felder. Gelassen sehe ich die Jahreszeiten an mir vorüberziehen. Das Jahresende schreckt mich nicht, denn ich habe Schätze im Schrank: rechtzeitig eingekaufte Gaben, die mir im Dezember etwas ganz Besonderes schenken werden: Zeit für mich, Zeit für meine Familie. Ich sehe mich in der Küche sitzen und mit der Freundin Glühwein schlürfen, mit den Kindern Fensterbilder schnippeln. So ein richtig schöner Advent wird das. Um Kaufhäuser werde ich einen großen Bogen machen. Sollen die andern doch das überteuerte Zeug kaufen; ich war diesmal schlauer.

Die Tage werden trüber, mir geht es gut. Purzel aber, Lissis Kaninchen, geht es gar nicht gut. Purzel mag nicht fressen, sitzt lethargisch in seinem Käfig. Der Tierarzt wiegt den Kopf, verschreibt Penicillin. Aber unser alter Purzel hat lang genug gelebt. Die Trauer ist groß. Und ich habe ein Purzel-Abbild im Schrank, das an Heiligabend Lissis Augen nicht leuchten, sondern überfließen lassen wird. Das darf nicht sein! Also in den Keller mit dem Plüsch-Purzel.

Mein Mann kommt mir seit einiger Zeit verändert vor. Er wirkt leicht gereizt und plündert ständig unseren Vorrat an Süßigkeiten. Was ist los mit dir, Liebling? »Hast du es noch nicht gemerkt? Ich bin dabei, mir das Rauchen abzugewöhnen.« Nein, das hatte ich gar nicht registriert. Nur wahrgenommen, dass seine Hemden über dem Bauch recht straff sitzen. Den Aschenbecher kann ich dem Roten Kreuz spenden. Das körperbetont geschnittene Hemd auch.

Leo, mein Sohn, du aber wirst dich freuen über das feine Spiel. Mit roten Wangen wirst du es auspacken und gar nicht mehr ansprechbar sein... Warum sitzt der Junge bloß in letzter Zeit lieber in seinem Zimmer als mit uns vor dem Fernseher? »Diese ganzen Quiz-Shows sind doch langweiliger Kram«, hat sein Freund Lars gemeint, und nun findet Leo sie auch blöd. Gut, dass wir einen geräumigen Keller haben.

Im Schrank, ganz oben in der heimlichen Ecke, wartet nur noch das Harry-Potter-Buch auf den heiligen Abend. Ja, Sie ahnen es: auch das wandert in den Keller. Denn Lissis Begeisterung für den zauberhaften Jungen ist verschwunden und hat der Euphorie für Popmusik Platz gemacht. »Mama, ich wünsche mir Bettwäsche mit ›Britney Spears‹ drauf. Bitte, bitte!« In einer Woche ist Heiligabend. Immerhin habe ich einen ganzen Spätsommer, Herbst und den halben Advent in der trügerischen Hoffnung verbracht, dem Weihnachts-Stress ein Schnippchen geschlagen zu haben. Gutes Gefühl.

Aus dem Weg, Leute, ich muss in die Stadt. Geschenke kaufen!

13

Zeitmanagement im Alter

Zeit ist relativ – das merkt der Mensch, wenn er älter wird. Einerseits rennen die Tage, Monate und Jahre immer schneller. Andererseits dehnen sich die Stunden und Tage oft zäh.

Das Zeitempfinden ändert sich mit dem Alter. Der im Berufsleben stehende Mensch spürt die Zeit flink an sich vorbei fliegen – und je älter er wird, desto stärker fühlen sich die Jahre wie nur kurze Momente an.

Der niederländische Psychologe und Autor Douwe Draaisma (»Warum das Leben schneller vergeht, wenn man älter wird«) geht davon aus, dass es die mangelnden neuen Erfahrungen sind, die Zeit im Alter so flüchtig erscheinen lassen. Durch Monotonie, ein Leben ohne Höhepunkte und erinnernswerte Erlebnisse, würden die Jahre rasend schnell erlebt. Wären die Tage durchzogen mit neuen Erfahrungen und Herausforderungen, so würde die Zeit als erfüllt erlebt. Der Autor rät, Highlights ins Leben einzubauen – Hobbys zu pflegen, an verschiedene Orte zu reisen –, um sich Situationen zu schaffen, die dem Alltag Glanzlichter aufsetzen.

»Das Leben ist kurz, der Tag ist lang« (J. W. von Goethe)

So kurz ein Jahr für einen älteren Menschen auch sein kann – die einzelnen Tage erscheinen oft unerträglich lang. Vor allem dann, wenn man frei von Pflichten durch Beruf und/oder Familie ist, die Jahrzehnte lang den Alltag bestimmt hatten. Mit dem plötzlichen Reichtum an Zeit nun umzugehen, ist nicht einfach. »Niemand braucht mich mehr« – dieses Gefühl kann sich tief in der Seele einnisten.

Das Schlimme daran: Das Gefühl »Niemand braucht mich« lähmt. Die Trauer und der Hader über diesen Zustand kratzen am Selbstwertgefühl, vernichten Lebensmut und -freude. Und ohne Lebensfreude ist es nicht einfach, sich zu neuen Aktivitäten aufzuraffen. Daraus kann ein Teufelskreis entstehen: Die Tage sind monoton und lang-weilig, weil sich nichts tut, und es tut sich nichts, weil die Monotonie Kraft und Antrieb schwinden lässt.

Optimismus hält jung

Untersuchungen aus den USA belegen, dass eine negative Lebenseinstellung den Menschen schneller altern lässt: Pessimisten werden wesentlich früher gebrechlich als Menschen, die ihr Leben genießen. In seinem Buch »Das Methusalem-Komplott« schreibt Frank Schirrmacher: »Negative Altersvorstellungen führen zu selbstverschuldeter Unmündigkeit und einem Verlust an Denkfähigkeit schon im frühen Alter.«

Wichtig ist also, dem Leben seine reizvollen Seiten abzugewinnen, sich bewusst interessante und angenehme Erlebnisse zu suchen und den Tag mit Beschäftigungen zu füllen, die am »Einrosten« hindern.

Prof. Dr. Andreas Kruse, Direktor des Institutes für Gerontologie der Universität Heidelberg, rät: »In belastenden Situationen sollten Sie sich fragen, wie Sie mit dieser Belastung am besten fertig werden, was Ihnen gut tun könnte, mit welchen Menschen Sie zusammen sein möchten, wie Ihnen diese helfen können und wann Ihnen diese Hilfe anderer zu viel ist. Wenn Sie Hilfe benötigen, so trauen Sie sich, um diese Hilfe zu bitten. Haben Sie aber auch den Mut, Hilfe abzulehnen, wenn Sie sich durch diese in Ihrer Selbstständigkeit zu stark eingeschränkt sehen.«

Die Zeit aktiv erleben

Bei jüngeren Menschen ergibt sich die Notwendigkeit des Zeitmanagement in der Regel aus den an sie gerichteten unterschiedlichen Anforderungen und Verpflichtungen heraus. Im Ruhestand ist gelungenes Zeitmanagement auch eine Frage der selbst gesetzten Sinnhaftigkeit und dem freiwilligen Umgang mit der Zeit.

Die heutigen Senioren sind nicht mehr die »gebrechlichen Alten« früherer Generationen. Viele sind noch in ausgezeichneter geistiger und körperlicher Verfassung, die meisten haben noch ein langes Stück Leben vor sich. Der Ruhestand ist nicht der »klägliche Rest« des Lebens, sozusagen der unvermeidbare Anhang an die Biografie, sondern eine wichtige Lebensphase mit eigener Qualität.

Aktiver Ruhestand

Kein Wunder, dass viele Senioren und Seniorinnen, die sich noch viel zu jung für ein eingeschränktes Leben fühlen, sich ihrer geistigen und körperlichen Fitness entsprechend aktiv einbringen:

- Das Internet wächst rasant um Portale an, in denen sich die ältere Generation mit Gleichaltrigen – oder Jüngeren – austauscht.
- Die Volkshochschulen und andere Bildungseinrichtungen bieten immer mehr für diese wichtige und interessierte Zielgruppe.
- Reiseanbieter haben erkannt, dass die Generation 50+ eine lukrative und unternehmungslustige Zielgruppe ist.
- In Fitness-Studios und Sportgruppen gehören Senioren zu den Stammgästen.
- Die Werbeindustrie umgarnt zunehmend die ältere Generation mit Angeboten, die die körperliche Attraktivität erhalten sollen.

Angebote gibt es also genug, die helfen, die Zeit sinnvoll zu nutzen, sich lange fit zu fühlen und aktiv am Leben teilzunehmen. Dass es die älteren Menschen auch wollen, belegen Untersuchungen. Im Rahmen eines Projekts der Deutschen Forschungsgemeinschaft beispielsweise untersuchten Wissenschaftler der Technischen Universität Berlin, welche Technik in einen Senioren-Haushalt passt. Rund 60 Senioren im Alter von 55 bis 91 Jahren beteiligten sich an dem Projekt. Dabei stellte sich heraus: Viele ältere Menschen fühlen sich in einem voll automatisierten Haushalt unwohl. Sie wollen nicht tatenlos im Sessel sitzen, sondern aktiv bleiben und die Kontrolle über ihr Umfeld behalten.

Der Rhythmus macht's

Wer nicht mehr durch Berufstätigkeit gezwungen ist, einem bestimmten Tagesablauf zu folgen, wird einen eigenen Rhythmus entwickeln, nach dem sich der Tag gestaltet.

Vorgegeben wird dieser neue Rhythmus auch von der biologischen Leistungskurve, die sich im Alter ändert:

- Viele ältere Menschen können nicht mehr so lange schlafen wie früher; der Tag beginnt also recht früh.
- Gleich nach dem Aufstehen bis in den Vormittag hinein ist die Leistungsfähigkeit hoch. In dieser Zeit können Dinge erledigt werden, die Kraft brauchen: die Wohnung aufräumen, einkaufen.
- Nach dem Mittagessen ist für viele eine Pause angebracht, denn dann sinkt die Leistungskurve.
- Dann aber sind Körper und Geist wieder leistungsfähig: Der frühe Abend ist eine gute Zeit für den Besuch von Kursen und andere Aktivitäten.
- Auch wenn die Jüngeren sich noch so sehr darüber aufregen, dass Senioren ausgerechnet abends einkaufen gehen: Dieser Zeitpunkt hat durchaus seinen Sinn. Denn die Leistungskurve zeigt eben gerade zur Ladenschlusszeit nach oben. Außerdem sehen es viele ältere Menschen als einfache und sicherer Gelegenheit an, unter Menschen zu sein.
- Kurze Unternehmungen, beispielsweise eine Halbtags-Tour, sind besser als ganztägige Ausflüge. Der Körper braucht Pausen, um neue Kraft zu schöpfen.
- Die meisten älteren Menschen brauchen Routine, das heißt, feste Zeiten und Abläufe als »Gerüst« für den Tagesablauf.
- Wenn die Augen schlechter werden, ist man in der Dämmerung oder Dunkelheit nicht mehr gern unterwegs. Spaziergänge oder Besuche – und im Winter auch das Einkaufen – sind deshalb bei Tageslicht angenehmer.

- Im Alter ist es besonders wichtig, sich nicht zu verzetteln: Lieber nur ein Vorhaben pro Tag planen und in die Tat umsetzen als viele Pläne machen und nichts verwirklichen.

Auch jetzt wichtig: Prioritäten setzen

Wie haben Sie in Ihrem früheren Leben »funktioniert«? Waren Sie ein »Helfer«, ständig auf dem Sprung, anderen etwas abzunehmen, ihnen unter die Arme zu greifen? Oder haben Sie sich eher von den Anforderungen treiben lassen? Waren Sie eher selbstlos? Oder eher auf sich selbst bezogen?

Völlig werden Sie ein Lebensmuster, das Sie so lange begleitet hat, nicht ablegen können. Aber Sie haben nun Muße und noch genügend Kraft, dieses Muster zu ergänzen oder ab und an sogar das Gegenteil auszuprobieren:

- Der aktive Typ kann nun die passiven Seiten pflegen, zum Beispiel, indem er sich unangenehme Arbeiten durch Dienstleister (z. B. Putzhilfe) abnehmen lässt und die Zeit für eigene Interessen nutzt.
- Der Passive kann sein aktives, kreatives Potenzial entdecken und sich Aufgaben zuwenden, die ihn fordern (Kinderbetreuung, Hausaufgaben-Hilfe, soziale Tätigkeit, ein Hobby).
- Der Selbstlose kann lernen, sich selbst auch mal in den Mittelpunkt zu stellen, etwa indem er sich seine Wünsche und Bedürfnisse verdeutlicht anstatt sie zu verleugnen.
- Der auf sich bezogene Typ kann lernen abzugeben, zum Beispiel von seiner Erfahrung und Kompetenz.

Das Alter ist der Lebensabschnitt, in dem der Mensch das zur Reife bringen kann, was er in seinem bisherigen Leben angelegt hat, aber noch nicht ausleben oder vervollkommnen konnte. Jetzt endlich ist der Zeitpunkt gekommen, eigenen Neigungen und Vorlieben nachzugeben, Neues auszuprobieren und Bestehendes auszubauen. Um herauszubekommen, wie und wohin es weitergehen soll, ist es auch im

Alter wichtig, zunächst die Prioritäten zu klären: Was ist mir wichtig? Womit möchte ich mein Leben bereichern?
Auch hier gilt: Aufschreiben bringt Klarheit.

Nehmen Sie sich einen Bogen Papier und verschieden farbige Stifte. Listen Sie mit Ihrer Lieblingsfarbe in großer Schrift auf, was Ihnen im Leben wichtig ist. Das können sein:

- Soziale Kontakte
- Kreativität
- Fitness
- Bildung
- Kultur
- Naturerlebnisse ...

Nun schreiben Sie in einer anderen Farbe zu jedem dieser Stichworte auf, welche Aktivitäten dazu passen. Bei »Fitness« könnte etwa stehen: Walking-Gruppe oder Wassergymnastik. Zu »sozialen Kontakten« passt vielleicht: Freunde besuchen. Oder: Gruppenreise buchen.

»Aber« bremst

Sammeln Sie zunächst Ihre Vorlieben, Vorstellungen und Träume und vermeiden Sie »Aber-Gedanken«. Das berühmte »Aber« würgt spontane Freude und die Motivation, andere Perspektiven in Erwägung zu ziehen, gleich ab: »Aber jetzt im Herbst kann ich doch nicht mit Walking anfangen« oder »Aber ich kann doch nicht allein ins Kino gehen«. Solche eigenen Vorbehalte hindern daran, die eigentlichen Interessen und Bedürfnisse zu erkunden.

Erst wenn Sie Ihre Bedürfnissen zu Papier gebracht haben, ist genaueres Hinsehen und Prüfen erlaubt. Was könnten Sie sofort angehen? Was ist (erst einmal) unrealistisch? Was können Sie aus bestimmten Gründen nicht in die Tat umsetzen? Was ist Ihnen besonders wichtig, was doch weniger?

Nun nehmen Sie einen dritten Stift und überlegen sich Alternativen zu den Ihnen wichtigen, allerdings nicht so einfach umzusetzenden Aktivitäten. Die Ziele werden dabei vielleicht kleiner, bescheidener. Aber: Sie benennen die Richtung, die Ihnen entspricht. Statt in den PC-Kurs in der weit entfernten Volkshochschule gehen Sie vielleicht erst einmal in die nahe gelegene Stadtbibliothek und decken sich mit entsprechenden Lehrbüchern für Computer-Anfänger ein. Statt »Carmen« in Verona ist vielleicht die »Zauberflöte« als Heimspiel ein Anfang. Wichtig ist zunächst der erste Schritt in die für Sie richtige Richtung.

Viele Senioren sind auch in dieser Lebensphase noch eingespannt in Verpflichtungen. Vielleicht ist ein kranker Partner zu versorgen. Oder die Enkel sollen betreut werden. Um diese Aufgaben herum ranken sich gleichberechtigt die persönlichen Bedürfnisse.

Zeit für Ehrenamt oder Engagement – sich und anderen nützen

Ältere Menschen sind Freiberufler in Sachen »Lebensinhalt suchen«: Wie jeder freiberuflich Arbeitende müssen sie sich umsehen, wo man ihre Kompetenz und Erfahrung brauchen könnte. Immer mehr soziale Dienstleistungen leiden unter Sparprogrammen und ehrenamtliche Helfer sind nicht nur deshalb vielerorts willkommen.

Vielfältig sind die Möglichkeiten, sich zu engagieren: Beim Projekt »Alt hilft Jung« etwa geben Senioren ihre beruflichen Erfahrungen an junge Existenzgründer weiter, in mehreren Städten vermitteln Großelterndienste Senioren für Kinderbetreuung oder Hausaufgabenhilfe. Es gibt Besuchsdienste für gebrechliche Menschen, Hilfe für Migranten und vieles mehr, wo sich die ehrenamtliche Mitarbeit anbietet.

Auskunft über Möglichkeiten des ehrenamtlichen Engagement finden Sie unter anderem bei diesen Stellen:

- Soziale Verbände wie Arbeiterwohlfahrt, Caritas
- Kirchenkreis
- Seniorenfreizeitstätten, Nachbarschaftszentren
- Seniorenbüros (››› Adressen-Liste, Seite 123)
- Tauschringe
- Kommerzielle Dienstleistungs-Gesuche finden Sie in Tageszeitungen oder Wochenblättern. Oder auch im Internet. Zum Beispiel unter: www.gebraucht-werden.de. Wer Hilfe braucht oder anbieten möchte, kann hier eine Anzeige aufgeben.

Zeitstress – selbst gemacht

Es ist keine Frage, dass aktive Menschen im Alter 50+, die in der Lage sind, ihr Leben sinnvoll zu füllen, vor Stress nicht gefeit sind. Denn jede Aktivitäten kostet ihre Zeit, auch wenn sie selbst gewählt wurde und nicht mehr ausschließlich Anforderung »von außen« ist. Ehrenämter, die Betreuung der Enkel, Kurse und Weiterbildungs-Termine, die wichtigen Kontakte zu Freunden und Bekannten und dazu noch der Haushalt ... Das alles unter einen Hut zu bringen, kann schwierig sein. Und es widerspricht dem eigentlichen Ziel des »Ruhestands«, nämlich endlich an sich zu denken und in der Lage zu sein, Muße zu genießen. Darum gilt es auch hier, Prioritäten zu setzen und Wichtiges von Unwichtigem zu trennen. Was ist eher Belastung als Freude? Welche Aktivitäten werden als Zwang erlebt? Verabschieden Sie sich von solchen unangenehmen Aufgaben, die Sie unnötig unter Druck setzen!

Oder sind Sie jemand, die/der ein gewisses Maß an Stress für sein Wohlergehen braucht? Dann bleiben Sie umtriebig und aktiv! Und hören Sie auf Ihren Körper und Ihre Psyche, die Ihnen sagen, ob und wie Ihnen die Hektik gut tut!

Auf einen Blick

1. *Versuchen Sie, Höhepunkte in Ihren Alltag einzubauen. Entdecken Sie neue Hobbys – oder besinnen Sie sich auf frühere –, gönnen Sie sich Erlebnisse, an die Sie sich später gern erinnern.*
2. *Lassen Sie sich nicht auf das lähmende Gefühl »Niemand braucht mich« ein. Es gibt genügend Aufgaben, die auf Sie warten.*
3. *Richten Sie den Tagesablauf nach Ihrem biologischen Rhythmus.*
4. *Überdenken Sie die Prioritäten, die bisher für Sie wichtig waren, neu.*
5. *Hören Sie auf Ihre »innere Stimme« und vermeiden Sie es, sich selbst unter Druck zu setzen.*

14

Gewonnene Zeit genießen

Die Minuten und Stunden, die Sie durch konkretes Planen, konsequentes Delegieren oder Entrümpeln gewonnen haben, gehören Ihnen und niemandem sonst. Sie sind ausschließlich dazu da, um Ihnen Freiräume und Ausgleich zu gewähren.

Wie Sie Ihre freie Zeit nutzen, ist Ihnen überlassen und von Ihrem Typ abhängig. Vielleicht entspannen Sie sich gern ganz allein in einer ruhigen Atmosphäre. Oder Sie brauchen ein anregendes Umfeld, in dem Sie Ihre Anforderungen hinter sich lassen können, gehen unter Leute, am besten Kinderlose, die andere Gesprächsthemen als Kindererziehung bieten. Vielleicht sind Sie eher von der geschäftigen Sorte, der das Nichtstun auf die Nerven geht und die am liebsten etwas anderes zu tun haben muss: Dann ist die beste Erholung für Sie vielleicht die Gartenarbeit oder das Gemüseschnippeln in der Küche. Oder können Sie sich im Kreis Ihrer Familie am besten erholen, beim Spielen oder Basteln mit den Kindern? In der Badewanne? Indem Sie einen Brief schreiben? Sie selbst wissen am besten, was Ihnen gut tut. Freie Zeit zu verbringen heißt nicht, sie nutz- und/oder lustlos verstreichen zu lassen. Sondern sie bewusst mit angenehmen Erfahrungen zu füllen, die Ihre Sinne pflegen und Ihnen Kraft schenken.

Für einige Mütter und Väter ist die Zeit ganz frühmorgens, wenn die Familie noch schläft, die schönste Phase des Tages. Eine halbe Stunde früher aufstehen, in Ruhe duschen, das Frühstück bereiten, ungestört den eigenen Gedanken nachhängen, bevor der Familientrubel so richtig losgeht: das genießen manche Menschen als kostbare Zeitspanne. Sie schenkt Kraft für den Tag.

Ähnlich ist es mit den Stunden, die übrig bleiben, wenn abends die Hektik abgeebbt ist, die Kinder in ihren Betten liegen und Ruhe einkehrt nach dem Tag. Zeit für den Partner und Zeit für sich selbst schenken diese späten Stunden. Es soll Mütter und Väter geben, die abends beim Kuscheln mit ihren Kindern regelmäßig einschlafen. Die rhythmischen Atemzüge schlafender Kinder sind ein hervorragendes Schlafmittel. Überhaupt lässt es sich mit Kindern zusammen gut entspannen: Die Gute-Nacht-Geschichte lässt den Tag ruhig und friedlich ausklingen, und mit einem Kind in seine Spielwelt einzutauchen, die Puppen zu frisieren oder Lego-Bauwerke zu errichten, schenkt auch Abstand vom hektischen Alltag.

Den Tag in Ruhe ausklingen lassen

Sind Sie abends unruhig, weil Sie meinen, Ihr Pensum nicht geschafft zu haben? Haben Sie schon Angst vor dem neuen Tag mit den alten und neuen Anforderungen? In dieser Verfassung können Sie nicht entspannen. Wenn Sie jemand sind, der oder die schwer zur Ruhe kommt und den Arbeitstag lieber allmählich ausklingen lässt als sofort auf Null zu schalten, suchen Sie sich ruhige, »monotone« Tätigkeiten, bei denen Sie sich mit dem Partner unterhalten, Musik hören oder einen Film anschauen können.

Oder gehören Sie zu denjenigen, die die Lebensphase der von außen bestimmten Anforderungen hinter sich haben und den »Ruhestand« optimal nutzen wollen? Auch in dieser Lebensphase gilt: Sehen Sie Ihre freie Zeit als ein Geschenk, mit dem Sie bewusst und verantwortungsvoll umgehen!

Wie auch immer – Sie wissen: Ein neuer Tag wartet auf Sie, mit Anforderungen und Aufgaben, die Ihnen möglicherweise Hektik und vielleicht unvorhergesehene Ereignisse bescheren, mit denen Sie aber gelassen und Ihren Prioritäten entsprechend umgehen. Der neue Tag kann Sie nicht schrecken. Denn Sie haben alles gut im Griff.

Anhang

Checklisten, die beim Zeitsparen helfen

In einigen Situationen sind Checklisten eine echte Hilfe. Seien es langfristig immer wiederkehrende Ereignisse, wie etwa Weihnachten oder der Jahresurlaub oder Situationen, die Sie »von jetzt auf gleich« bewältigen müssen – der Blick in eine solche Liste hilft Ihnen, an alles Wichtige zu denken.

Auf den folgenden Seiten finden Sie beispielhaft drei Checklisten, von denen wir glauben, dass sie für viele Haushalte von Nutzen sein können:

- eine Liste für das Koffer packen vor dem Urlaub,
- eine Liste für die Steuererklärung,
- eine Liste für die Utensilien, die Sie für einen Krankenhausaufenthalt brauchen.

Die aufgelisteten Stichworte sind als Anregung gedacht: nicht jedes muss auf Sie zutreffen. Für Ihre persönlichen Notizen finden Sie deshalb etliche Leerzeilen. Sie können die Listen auch aus dem Buch heraustrennen und bei den jeweils passenden Unterlagen aufbewahren.

Das gehört in jeden Reisekoffer

Kleidung:

- ☐ Bademantel
- ☐ Schlafanzüge, Nachthemden
- ☐ Jogginganzug
- ☐ Anzug, Kleid
- ☐ Hosen, Röcke
- ☐ Socken, Strümpfe,
- ☐ Wanderschuhe, Gummistiefel, Hausschuhe, Straßenschuhe
- ☐ Unterwäsche
- ☐ Blusen, Hemden, T-Shirts, Pullover
- ☐ Blazer, Jacken, Mantel

- ☐ ______
- ☐ ______
- ☐ ______
- ☐ ______
- ☐ ______

Pflegeartikel:

- ☐ Haarbürste, Kamm, Shampoo, Spülung, Festiger
- ☐ Seife, Duschgel, Deodorant, Parfüm
- ☐ Handtücher, Waschlappen
- ☐ Spiegel
- ☐ Papiertaschentücher
- ☐ Wattestäbchen
- ☐ Nageletui
- ☐ Zahnbürste, Zahnpasta, Zahnseide

- ☐ ______
- ☐ ______
- ☐ ______
- ☐ ______

Für die Frau:

- ☐ Binden, Tampons
- ☐ Makeup

- ☐ ______

Für den Mann:

- ☐ Trocken-Rasierer: Batterien
- ☐ Nass-Rasierer: After-Shave, Blutstiller, Klingen, Schaum

- ☐ ______

Fürs Kind:

- ☐ Badezusatz
- ☐ Kindershampoo
- ☐ Hautcreme
- ☐ Babybedarf: Wickel-Utensilien
- ☐ Feuchte Reinigungstücher

- ☐ ______
- ☐ ______
- ☐ ______

Fürs Kind:

- ☐ Reise-Buggy / Hochstuhl bzw. Sitzerhöhung
- ☐ Schnuller
- ☐ Windeln
- ☐ Kindernahrung
- ☐ Impfpass
- ☐ Spielzeug / Kuscheltiere / Schmusekissen
- ☐ Spiele / Bücher für unterwegs
- ☐ Malstifte, Papier, Cassetten / CDn

Sonstiges:

- ☐ Brille (Lese-, Sonnen-)
- ☐ Regenschirm
- ☐ Schreibzeug
- ☐ Reisebügeleisen
- ☐ Fön
- ☐ Nähzeug
- ☐ Schmutzwäschesack bzw. einige Plastiktüten
- ☐ Wäscheklammern, Waschmittel
- ☐ Schnürsenkel
- ☐ Schuhcreme, Putzzeug
- ☐ Fotoapparat / Videokamera, Objektive, Batterien, Filme
- ☐ Bücher, Gesellschaftsspiele
- ☐ Reisewecker
- ☐ ggf. Steckdosenadapter
- ☐ Rucksack, Wandertasche
- ☐ Fernglas
- ☐ Taschenlampe, Kerzen
- ☐ Taschenmesser
- ☐ Kontaktlinsen-Pflegemittel,
- ☐ Gehörschutz/-stöpsel
- ☐ ggf. Bettwäsche / Schlafsäcke
- ☐ Aufladegerät (Handy, Fotoapparat, ...)

- ☐ ______
- ☐ ______
- ☐ ______
- ☐ ______
- ☐ ______
- ☐ ______
- ☐ ______
- ☐ ______
- ☐ ______
- ☐ ______
- ☐ ______
- ☐ ______
- ☐ ______
- ☐ ______
- ☐ ______
- ☐ ______
- ☐ ______

Reiseapotheke:

- ☐ Persönlich benötigte Medikamente
  - ☐ ______________________
  - ☐ ______________________
  - ☐ ______________________
- ☐ Medikamente gegen Schmerzen / Fieber
- ☐ Medikamente gegen Reiseübelkeit / Magenprobleme / Durchfall
- ☐ Augen- und Nasentropfen
- ☐ Brandsalbe, Wundsalbe
- ☐ Desinfektionsmittel
- ☐ Insektenschutzmittel
- ☐ Desinfizierende Hautsalbe
- ☐ Antiallergikum gegen Hautreizungen bei Insektenstichen (Anti-Histaminikum)
- ☐ Antibabypille, Kondome
- ☐ Fieberthermometer
- ☐ Verbandsmaterialien (Mullbinden, Pflaster)
- ☐ sterile Handschuhe
- ☐ Nagelschere, Verbandsschere
- ☐ Pinzette
- ☐ Zeckenzange
- ☐ Sicherheitsnadeln

Wichtige Unterlagen / Dokumente:

- ☐ Adressen und Telefonnummern von Freunden /Verwandten, evtl. Versicherung, Pannenhilfe etc.
- ☐ Kopien der Versicherungsscheine (KfZ-, Reiserücktritt-, Krankenversicherung)
- ☐ Auslandskrankenschein
- ☐ Gültigen Pass / Personalausweis (am besten auch Kopien)
- ☐ Scheck- / Kreditkarten (Rufnummer für deren Sperrung notieren!)
- ☐ Gegebenenfalls ein Visum

- ☐ ______________________
- ☐ ______________________
- ☐ ______________________
- ☐ ______________________
- ☐ ______________________
- ☐ ______________________
- ☐ ______________________
- ☐ ______________________
- ☐ ______________________
- ☐ ______________________
- ☐ ______________________
- ☐ ______________________
- ☐ ______________________
- ☐ ______________________
- ☐ ______________________
- ☐ ______________________
- ☐ ______________________

Das brauchen Sie zusätzlich bei einer Reise in warme Länder:

- ☐ Badehose, Badeanzug
- ☐ Sandalen, Badeschuhe
- ☐ Sonnenhut, Stirnband
- ☐ Sonnenschutzmittel, AfterSun-Lotion
- ☐ Luftmatratze
- ☐ Kinder-Schwimmflügel
- ☐ Sonnen- / Windschutz
- ☐ Strand- / Wasserspielzeug

- ☐ ____________________
- ☐ ____________________
- ☐ ____________________
- ☐ ____________________

Das brauchen Sie zusätzlich bei einer Reise in den Winter- / Skiurlaub:

- ☐ Warme Unterwäsche
- ☐ Skikleidung (Hosen, Anorak, Ski-Anzug)
- ☐ Winterstiefel, Skistiefel
- ☐ Skier und Skistöcke / Schlitten / Schlittschuhe / Snowboard
- ☐ Skiwachs
- ☐ Schal, Handschuhe
- ☐ Mütze, Stirnband
- ☐ Warme Strümpfe
- ☐ Helm
- ☐ Skibrille / Sonnenbrille
- ☐ Sonnenschutzmittel mit hohem Lichtschutzfaktor, AfterSun-Lotion
- ☐ Lippenpflegestift
- ☐ Thermoskanne

- ☐ ____________________
- ☐ ____________________
- ☐ ____________________
- ☐ ____________________
- ☐ ____________________
- ☐ ____________________
- ☐ ____________________
- ☐ ____________________

Diese Unterlagen brauchen Sie für die Steuererklärung

Einkünfte aus Kapitalvermögen:

- ☐ bezahlte und erhaltene Stückzinsen
- ☐ Erträgnisaufstellungen für Depots
- ☐ Freistellungsaufträge
- ☐ Kauf- und Verkaufsabrechnungen für Wertpapiere
- ☐ Zinsgutschriften für Festgeldanlagen

Weitere Einkünfte:

- ☐ Vermietung und Verpachtung
- ☐ Gewerbebetrieb

Außergewöhnliche Belastungen:

- ☐ Krankheitskosten, die Sie selbst bezahlt haben
- ☐ Pflegebedürftigkeit bzw. Körperbehinderung einer im Haushalt lebenden Person
- ☐ Scheidungskosten
- ☐ Beerdigungskosten
- ☐ Unterstützungsleistungen an Familienangehörige
- ☐ Wiederbeschaffung von Hausrat nach Brand, Diebstahl o. Ä.

Sonderausgaben:

- ☐ Altersvorsorgebeträge
- ☐ Bausparvertrag und andere vermögenswirksame Leistungen
- ☐ Eigenheimzulage
- ☐ gezahlte Kirchensteuer
- ☐ Spendenquittungen
- ☐ Steuerberatungskosten
- ☐ Unterhaltsleistungen
- ☐ Versicherungsbeiträge

☐ ______________________

☐ ______________________

☐ ______________________

☐ ______________________

☐ ______________________

☐ ______________________

☐ ______________________

☐ ______________________

☐ ______________________

☐ ______________________

☐ ______________________

☐ ______________________

☐ ______________________

☐ ______________________

Werbungskosten:

- ☐ Arbeitsmittel (Berufskleidung, Bürobedarf, Fachliteratur, PC etc.)
- ☐ Arbeitszimmer (Ausstattungskosten, laufende Aufwendungen)
- ☐ Ausbildungs-/Fortbildungskosten
- ☐ Beiträge Gewerkschaft bzw. Berufsverband
- ☐ berufsbedingter Umzug
- ☐ Bewerbungskosten
- ☐ Bewirtungskosten
- ☐ dienstliche Reisekosten (vom Arbeitgeber nicht erstattet)
- ☐ doppelte Haushaltsführung (Mehraufwendungen, Zuschüsse)
- ☐ Kfz-/Fahrtkosten von und zur Arbeitsstätte
- ☐ Schuldzinsen (aus beruflichem Grund, wie z. B. Studiendarlehen)
- ☐ Werbegeschenke
- ☐ Telefonkosten
- ☐ Verpflegungsmehraufwand

☐ ______________________

☐ ______________________

☐ ______________________

☐ ______________________

☐ ______________________

☐ ______________________

☐ ______________________

☐ ______________________

☐ ______________________

☐ ______________________

Sonstiges, z. B.:

- ☐ Abfindungsvertrag mit Zahlungseingangsbeleg
- ☐ Arbeitgeberbescheinigungen
- ☐ Arbeitsgerichtsprozess
- ☐ Familienstandsänderung
- ☐ Förderung des Wohneigentums/ Antrag auf Eigenheimzulage
- ☐ kinderspezifische Unterlagen/Belege (Betreuungskosten, erhaltenes Kindergeld etc.)
- ☐ Kirchenaustritt
- ☐ Lohnsteuerkarte
- ☐ Nachweise für Zeiten der Nichtbeschäftigung
- ☐ Unfallkosten (berufsbedingt)

☐ ______________________

☐ ______________________

☐ ______________________

☐ ______________________

☐ ______________________

☐ ______________________

(in Anlehnungs an: www.checklisten.com, Verlag für die Deutsche Wirtschaft)

Das gehört in den Koffer fürs Krankenhaus

Für die Aufnahme:

- ☐ der Einweisungsschein des Haus-/Facharztes
- ☐ die Krankenkassen-Versicherungskarte
- ☐ Personalausweis oder Reisepass

Für den Arzt:

- ☐ Bericht des Haus-/Facharztes
- ☐ Vorbefunde (aktuelle Röntgenaufnahmen, Laborergebnisse usw.)
- ☐ Einnahmeplan für Medikamente
- ☐ Impf-Buch
- ☐ Allergie-Pass
- ☐ Röntgen-Pass
- ☐ ggf. Herzschrittmacher-Ausweis, Marcumar-Pass

Pflege-Utensilien:

- ☐ Handtücher, Waschlappen
- ☐ Seife, Duschgel
- ☐ Pflegecremes / Makeup-Artikel
- ☐ Zahnbürste, Zahnpasta und -seide, Zahnbecher, Mundwasser
- ☐ Handspiegel
- ☐ Fön
- ☐ Shampoo, Kamm, Haarbürste
- ☐ Nagelschere, Nagelfeile
- ☐ Rasierapparat
- ☐ MakeUp

- ☐ ______________________
- ☐ ______________________
- ☐ ______________________
- ☐ ______________________
- ☐ ______________________
- ☐ ______________________
- ☐ ______________________
- ☐ ______________________
- ☐ ______________________
- ☐ ______________________
- ☐ ______________________
- ☐ ______________________

Kleidung:

- ☐ Mindestens zwei Schlafanzüge / Nachthemden
- ☐ Bade- oder Morgenmantel
- ☐ Unterwäsche
- ☐ warme Strümpfe
- ☐ Hausschuhe mit rutschfester Sohle (falls eine Operation bevorsteht: Hausschuhe, die man anziehen kann, ohne sich zu bücken)
- ☐ bequeme Oberbekleidung
- ☐ feste Schuhe
- ☐ ____________________
- ☐ ____________________
- ☐ ____________________
- ☐ ____________________
- ☐ ____________________

Sonstiges:

- ☐ Brille(n)
- ☐ Papiertaschentücher
- ☐ Wattestäbchen
- ☐ Schreibzeug und Papier
- ☐ Kleingeld
- ☐ Bücher / Zeitschriften
- ☐ Wecker
- ☐ Radio / Walkman
- ☐ Dinge, die das Herz erfreuen, z.B. Fotos, Maskottchen, kleine Geschenke von Kindern oder Enkeln usw.
- ☐ ____________________
- ☐ ____________________
- ☐ ____________________
- ☐ ____________________
- ☐ ____________________

Weiterführende Literatur

Bleier, Bianka; Schilling, Birgit: ***Besser einfach, einfach besser. Das Haushalts-Survival-Buch.***
Verlag Brockhaus, Haan 2002

Browning, Nigel; Moseley, Jane: ***Haushaltsmanagement.***
Verlag sanssouci, München 2004

Engelmeyer, Eva; Meier, Rolf: ***Zeitmanagement.***
Gabal Verlag, Offenbach 2004

Geiger, Annette: ***Zeitmanagement.***
Verlag Businessvillage, Göttingen 2005

Hansen, Katrin: ***Selbst- und Zeitmanagement.***
Cornelsen Verlag, Berlin 2004

Hatzelmann, Elmar; Held, Martin: ***Zeitkompetenz. Die Zeit für sich gewinnen.***
Beltz Verlag, Weinheim 2004

Jogschies, Rainer B.: ***Die Nonstop-Gesellschaft. Blitzkrieg gegen sich selbst.***
Nachttischbuch-Verlag, Berlin 2004

Kingston, Karen: ***Feng Shui gegen das Gerümpel des Alltags.***
Rowohlt Verlag, Reinbek bei Hamburg 2003

Knoblauch, Jörg; Wöltje, Holger: ***Zeitmanagement – Perfekter organisieren mit Zeitplaner und Handheld (mit CD-ROM).***
Haufe Verlag, Freiburg 2003

Küstenmacher, Marion; Küstenmacher, Werner: ***Simplify your life – endlich mehr Zeit haben.***
Campus Verlag, Frankfurt/Main 2004

Morgenroth, Christine: ***Von der Eile, die krank macht, und der Zeit, die heilt.***
Herder Verlag, Freiburg 2004

Muri, Gabriela: ***Pause!***
Campus Verlag, Frankfurt/Main 2004

Nussbaum, Cordula: ***Familien-Alltag sicher im Griff. So meistern Sie das tägliche Chaos sicher und souverän.***
Verlag Gräfe & Unzer, München 2004

Rückert, Hans-Werner: ***Schluss mit dem ewigen Aufschieben (Neuausgabe).***
Piper Verlag, München 2005

Lothar J. Seiwert: ***Das Bumerang Prinzip: Mehr Zeit fürs Glück.***
Deutscher Taschenbuch Verlag, München 2004

Marc Stollreiter: ***Aufschieberitis dauerhaft kurieren. Wie Sie sich selbst führen und Zeit gewinnen.***
mvg Verlag, Frankfurt/Main 2003

Adressen

Bundesarbeitsgemeinschaft Elterninitiativen e.V. (BAGE)
Einsteinstr. 111
81675 München
Tel. 089/ 47 06 503; Fax 089/ 41 90 28 38
www.bage.de

Verband berufstätiger Mütter e.V.
Postfach 290426
50525 Köln
Tel. 0221/ 32 65 79; Fax 01212/ 56 78 03 841
www.berufstaetige-muetter.de

Bundesarbeitsgemeinschaft Seniorenbüros e.V.
Graurheindorfer Str. 79
53111 Bonn
Tel. 0228/ 61 40 74/ 78; Fax 0228/ 61 40 60
www.seniorenbueros.org

Tagesmütter Bundesverband für Kinderbetreuung in Tagespflege e.V.
Moerserstr. 25
47798 Krefeld
Tel. 02151/ 15 41 590; Fax 02151/ 15 41 591
www.tagesmuetter-bundesverband.de

Verein für internationale Jugendarbeit e.V./ Au-pair-Vermittlung
Bundesgeschäftsstelle
Goetheallee 10
53225 Bonn
Tel. 0228/ 69 89 52; Fax 0228/ 69 41 66
www.vij-au-pair.de

Verband alleinerziehender Mütter und Väter (VAMV)
Bundesverband
Hasenheide 70
10967 Berlin
Tel. 030/ 69 59 786; Fax 030/ 69 59 78 77
www.vamv-bundesverband.de/

Verbraucherzentralen

Verbraucherzentrale Baden-Württemberg e.V.
Paulinenstraße 47, 70178 Stuttgart
Tel.: 07 11/66 91-10, Fax: 07 11/66 91-50
E-Mail: info@verbraucherzentrale-bawue.de

Verbraucherzentrale Bayern e.V.
Mozartstraße 9, 80336 München
Tel.: 0 89/5 39 87-0, Fax: 0 89/53 75 53
E-Mail: info@verbraucherzentrale-bayern.de

Verbraucherzentrale Berlin e.V.
Bayreuther Straße 40, 10787 Berlin
Tel.: 0 30/2 14 85-0, Fax: 0 30/2 11 72 01
E-Mail: mail@verbraucherzentrale-berlin.de

Verbraucherzentrale Brandenburg e.V.
Templiner Straße 21, 14473 Potsdam
Tel.: 03 31/2 98 71-0, Fax: 03 31/2 98 71-77
E-Mail: info@vzb.de

Verbraucherzentrale Bremen e.V.
Altenweg 4, 28195 Bremen
Tel.: 04 21/16 07 77, Fax: 04 21/1 60 77 80
E-Mail: info@vz-hb.de

Verbraucherzentrale Hamburg e.V.
Kirchenallee 22, 20099 Hamburg
Tel.: 0 40/2 48 32-0, Fax: 0 40/2 48 32-2 90
E-Mail: info@vzhh.de

Verbraucherzentrale Hessen e.V.
Große Friedberger Straße 13–17
60313 Frankfurt am Main
Tel.: 0 69/97 20 10-0, Fax: 0 69/97 20 10-50
E-Mail: vzh@verbraucher.de

Verbraucherzentrale Mecklenburg-Vorpommern e.V.
Strandstraße 98, 18055 Rostock
Tel.: 03 81/4 93 98-0, Fax: 03 81/4 93 98-30
E-Mail: info@verbraucherzentrale-mv.de

Verbraucherzentrale Niedersachsen e.V.
Herrenstraße 14, 30159 Hannover
Tel.: 05 11/9 11 96-01, Fax: 05 11/9 11 96-10
E-Mail: info@vzniedersachsen.de

Verbraucherzentrale Nordrhein-Westfalen e.V.
Mintropstraße 27, 40215 Düsseldorf
Tel.: 02 11/38 09-0, Fax: 02 11/38 09-1 72
E-Mail: vz.nrw@vz-nrw.de

Verbraucherzentrale Rheinland-Pfalz e.V.
Ludwigstraße 6, 55116 Mainz
Tel.: 0 61 31/28 48-0, Fax: 0 61 31/28 48-66
E-Mail: verbraucherzentrale-rlp@verbraucherzentrale-rlp.de

Verbraucherzentrale Saarland e.V.
Hohenzollernstraße 11, 66117 Saarbrücken
Tel.: 06 81/5 00 89-0, Fax: 06 81/5 88 09-22
E-Mail: vz-saar@vz-saar.de

Verbraucherzentrale Sachsen e.V.
Brühl 34–38, 04109 Leipzig
Tel.: 03 41/6 96 29-10, Fax: 03 41/6 89 28 26
E-Mail: vzs@vzs.de

Verbraucherzentrale Sachsen-Anhalt e.V.
Steinbockgasse 1, 06108 Halle
Tel.: 03 45/2 98 03 29, Fax: 03 45/2 98 03 26
E-Mail: vzsa@vzsa.de

Verbraucherzentrale Schleswig-Holstein e.V.
Bergstraße 24, 24103 Kiel
Tel.: 04 31/5 90 99-0, Fax: 04 31/5 90 99-77
E-Mail: info@verbraucherzentrale-sh.de

Verbraucherzentrale Thüringen e.V.
Eugen-Richter-Straße 45, 99085 Erfurt
Tel.: 03 61/5 55 14-0, Fax: 03 61/5 55 14-40
E-Mail: info@vzth.de

Verbraucherzentrale Bundesverband e. V. (vzbv)
Markgrafenstraße 66, 10969 Berlin
Tel. 0 30/2 58 00-0, Fax 0 30/2 58 00-218
E-Mail: info@vzbv.de

Fragen Sie bei Ihrer Verbraucherzentrale nach der nächstgelegenen Beratungsstelle.

Impressum

Herausgeber:

Verbraucherzentrale Nordrhein-Westfalen e. V.
Mintropstraße 27, 40215 Düsseldorf
Tel. 02 11/38 09-0, Fax 02 11/38 09-172
E-Mail: publikationen@vz-nrw.de

Verbraucherzentrale Bundesverband e. V. (vzbv)
Markgrafenstraße 66, 10969 Berlin
Tel. 0 30/2 58 00-0, Fax 0 30/2 58 00-218
E-Mail: info@vzbv.de

Verbraucherzentrale Hamburg e. V.
Kirchenallee 22, 20099 Hamburg
Tel. 0 40/2 48 32-0, Fax 0 40/2 48 32-290
E-Mail: info@vzhh.de

Verbraucherzentrale Hessen e. V.
Große Friedberger Straße13–17, 60313 Frankfurt am Main
Tel. 0 69/97 20 10-0, Fax 0 69/97 20 10-50
E-Mail: vzh@verbraucher.de

Text:	Elke Leger
Lektorat, Koordination:	Ilse Mara Berzins
Gesamtproduktion:	Näscher und Näscher, Düsseldorf
Fotos:	Näscher und Näscher, Düsseldorf Photodisc (S.60), Reimann (S. 8, 26)
Gedruckt auf:	Lenzatop, 100% Recycling
Druck:	Werbedruck Schreckhase, Spangenberg

Ratgeber

Ratgeber der Verbraucherzentralen können Sie in den Beratungsstellen der Herausgeber kaufen oder per Post gegen Rechnung bestellen (Anschriften siehe Seiten 124). Zu den genannten Preisen (Stand: Februar 2005) kommt dann eine Versandkostenpauschale.

Besser Haushalten

Je höher die Ausgaben steigen, je weniger Geld also der Einzelne in seinem Geldbeutel hat, desto wichtiger wird es, mit diesem Geld effektiv zu haushalten. Die Autoren zeigen, wie Sie Ihre finanzielle Situation analysieren, Ihre Einkünfte erhöhen und Ihre Ausgaben einschränken können, ohne auf Lebensqualität zu verzichten.

215 Seiten *9,80 €*
1. Auflage 2003

Das Haushaltsbuch

Das Finanzmanagement im „Unternehmen Haushalt" ist von vielfältigen und komplizierten Abläufen und Verpflichtungen geprägt. Mit dem Haushaltsbuch bekommen Sie einen Überblick über Einnahmen und Ausgaben und viele Tipps zum Thema Geld sparen und verwalten.

86 Seiten, DIN A4 quer *4,80 €*
3. Auflage 2004

Erfolgreich Jobben

Viele Schüler und Studenten verdienen neben ihrer Ausbildung schon eigenes Geld mit Ferien- und Nebenjobs. Doch welche Jobs sind seriös? Und wie sucht man sich den „richtigen" Nebenjob? Wir geben Tipps für die Arbeitswelt und informieren über Praktika im In- und Ausland bis hin zum ersten selbständigen Unternehmertum.

204 Seiten *9,80 €*
1. Auflage 2004

Wechseljahre

Viele Frauen in den Wechseljahren haben Fragen: Was hilft bei typischen Beschwerden? Wie gut wirken naturheilkundliche Mittel? Welche Argumente sprechen für, welche gegen die Hormontherapie? Unser Ratgeber behandelt psychische und soziale Veränderungen sowie die Prävention altersbedingter Krankheiten.

140 Seiten *7,80 €*
2. Auflage 2004

Mahlzeit, Kinder!

Wie können Kinder auch bei knapper Zeit stressfrei, gesund und lecker versorgt werden? Unser Ratgeber bietet umfangreiche vorschläge für den Einkauf, die Küche, den Kindergarten und die Schule. Mit vielen rezepten für Kinder- und Familienmahlzeiten. Liebevoll illustriert von Wolf Erlbruch.

124 Seiten *5,80 €*
3. Auflage 2004

Gewicht im Griff

Sind Sie unzufrieden mit Ihrem Gewicht? Suchen Sie Anregungen für einen alltagstauglichen Weg, wie Sie ohne Essverdruss Pfunde verlieren können? Dieser Ratgeber hilft Ihnen Schritt für Schritt dabei, sich Ihren Wunsch nach einem erreichbaren und haltbaren Wohlfühlgewicht selbst zu erfüllen. Mit ausführlichem Rezeptteil.

224 Seiten, Hardcover *14,90 €*
1. Auflage 2004

ABC der Schlankmacher

Auf dem Markt der Schlankheitsmittel wird viel versprochen, aber wenig eingehalten. Hier finden Sie zum Nachschlagen rund 90 Steckbriefe über Schlankmacher, mit denen Sie einen Wirkstoff oder ein Diätprinzip verstehen, beurteilen und hinterfragen können. Wir stellen natürliche Alter-nativen vor und geben Infos über Ge-setze, Qualitätskriterien und Werbung.

218 Seiten *9,80 €*
1. Auflage 2004